성모님,
오늘도 함께해 주세요

성모님, 오늘도 함께해 주세요

2016년 9월 9일 교회 인가
2017년 1월 1일 초판 1쇄 펴냄
2018년 5월 10일 초판 2쇄 펴냄

지은이 · 고연심 아녜스 外 49인
펴낸이 · 염수정
펴낸곳 · 가톨릭출판사
편집 겸 인쇄인 · 김대영
편집장 · 이현주   편집 · 김소정
디자인 · 강해인
마케팅 · 강시내

본사 · 서울특별시 중구 중림로 27
지사 · 경기도 고양시 일산동구 노첨길 65
등록 · 1958. 1. 16. 제2-314호
전자우편 · edit@catholicbook.kr
전화 · 1544-1886(대)/ (02)6365-1888(영업국)
지로번호 · 3000997

ISBN 978-89-321-1467-5 03230

값 10,000원

가톨릭출판사 인터넷 서점 http://www.catholicbook.kr
직영 매장: 명동대성당 (02)776-3601, (070)8865-1886/ FAX (02)776-3602
         가톨릭회관 (02)777-2521, (070)8810-1886/ FAX (02)6499-1906
         서초동성당 (02)313-1886/ FAX (02)585-5883
         서울성모병원 (02)534-1886/ FAX (02)392-9252
         절두산순교성지 (02)3141-1886/ FAX (02)335-0213
         미주지사 (323)734-3383/ FAX (323)734-3380

가톨릭의 모든 도서와 성물을 '가톨릭출판사 인터넷 서점'에서 만나 보실 수 있습니다.

성경 ⓒ 한국천주교중앙협의회

이 도서의 국립중앙도서관 출판예정도서목록(CIP)은 서지정보유통지원시스템 홈페이지(http://seoji.nl.go.kr)와
국가자료공동목록시스템(http://www.nl.go.kr/kolisnet)에서 이용하실 수 있습니다. (CIP제어번호: CIP2016028789)

이 책은 저작권법에 의해 보호를 받는 저작물이므로 무단 전재와 무단 복제를 금합니다.

성모님을 사랑하는
평범한 사람들이 쓴 특별한 편지

성모님,
오늘도 함께해 주세요

고연심 아녜스 外 49인 지음

가톨릭출판사

추천의 말

성모님께 바치는 짙은 향기의 화관

가톨릭교회 내에 성모님에 대한 애정과 존경은 널리 퍼져 있습니다. 이것은 단순히 돌고 도는 유행이 아니라 교회에서 전통적으로 내려온 뿌리 깊은 신심입니다. 성모님이 누구이십니까? 한평생 아들 예수님을 위해 헌신적으로 살아오신 어머니 중 어머니요, 모든 일을 마음속에 간직하고 곰곰이 되새기며 하느님의 뜻을 우선적으로 찾은 신앙의 최고 모범이십니다. 그렇기에 성모님은 모든 성인들의 으뜸으로서 특별한 공경의 대상이고, 우리 신심 생활에 빠질 수 없는 위치에 계신 분입니다.

성모님에 대한 성경의 언급은 그리 많지 않습니다. 마치 조명받을 분은 오직 예수 그리스도임을 늘 염두에 두고 당신을 드러내려 하지 않은 성모님의 삶과 같아 보입니다. 이런 성모님에 대해서는 기도를 통한 체험을 서로 나누면서 더욱 잘 알아 갈 수 있습니다. 그래서 사당5동 성당 교우들의 생생한 성모님 체험을 한데 엮은 이 책은 우리에게는 더욱 소중한 나눔 거리가 됩니다.

이 책에는 진한 꽃향기가 있습니다. 묵주를 한 알 한 알 정성되이 굴리며 성모님 발치에 봉헌하는 꽃송이처럼, 개인의 소중한 역사가 담긴 글들이 한 편 한 편 정성스럽게 엮여 성모님께 바치는 짙은 향기의 화관을 이루고 있기 때문입니다. 이 책을 읽으며 제 삶에 성모님과 같았던 분들을 회상해 보았고, 저를 있게 해 준 어머니를 떠올려 보았으며, 저를 향한 성모님의 손길을 다시금 발견했습니다. 다른 분들이 쓴 글이지만 저의 성모님 체험이 담긴 책이기도 한 것입니다.

이처럼 우리 신앙인들은 소중한 체험을 서로 나눔으로써 더욱 큰 힘을 얻습니다. 이 책을 읽는 분들도 성모님 체험을 서로에게 열어 보이면서 성모님 모성을 닮은 따스한 공동체, 성모님처럼 곰곰이 되새기며 주님 섭리를 바라볼 줄 아는 혜안을 지닌 공동체로 성장하기를 바랍니다.

천주교 서울대교구 보좌 주교
정순택 베드로
✝ 정순택

추천의 말

삶의 여정 길을 인도하시는 성모님

 먼 옛날, 밤하늘에 빛나는 별이 나타났고, 그 별빛은 동방 박사 세 사람을 유다 베들레헴에서 태어나신 아기 예수님께로 인도했습니다. 발타사르, 멜키오르, 가스파르는 별빛이 이끄는 길을 따라 산을 넘고, 강을 건너 먼 여행길을 떠났습니다. 때로는 강도들을 만나 고통을 당하는 순간에도 하늘의 별빛은 동방 박사들을 아기 예수님께로 가는 길로 한결같이 이끌어 주었습니다.

 저는 사당5동 성당에서 2012년부터 5년 동안 교우들과 함께 매월 첫 토요일에 성모 신심 미사를 봉헌해 왔고, 또 매년 성모 성월 행사를 거행해 왔습니다. 이 기간 동안 저는 교우 50명이 인생의 중요한 길목에서 성모님을 만난 소중한 이야기를 들으면서, 성모님이 우리 교우들에게 하느님께로 가는 길을 밝혀 주셨다고 생각했습니다.

성모님께 봉헌한 교우 50명의 다양한 삶의 이야기가 제가 느꼈던 것처럼, 이 책을 읽는 분들에게 잔잔한 감동을 주기를 기도드립니다. 아울러 동방 박사들을 아기 예수님께로 인도했던 별빛처럼, 세상에서 많은 걱정과 고통 속에 살고 있는 우리 형제자매들의 삶을 성모님이 밝게 비추어 주시고 하느님께로 인도해 주시기를 기도드립니다.

책을 읽다 보면 글이 거칠고 문맥이 맞지 않다고 느껴질 수도 있습니다. 저는 최소한의 교정만 보고 처음의 원고에 손을 대지 않기를 원했습니다. 그 이유는 이 책을 읽는 분들이 글의 문맥보다는 성모님을 사랑하는 우리 교우들의 마음을 가슴으로 느끼기를 바랐기 때문입니다. 이 책을 통해 독자들이 우리의 삶에 늘 함께하시는 성모님을 만날 수 있기를 바랍니다.

사당5동 성당 주임 신부
권태형 리노

차례

추천의 말
성모님께 바치는 짙은 향기의 화관 · 정순택 주교　　　　　5

추천의 말
삶의 여정 길을 인도하시는 성모님 · 권태형 신부　　　　　7

제1부 성모님, 언제든지 주문하셔도 좋습니다

마라톤을 하듯 성모님께 달려갑니다 · 고연심 아녜스　　　15
어머니의 끝없는 자식 사랑 · 홍성나 제노비아　　　　　　18
성모님은 같은 여자이고 같은 엄마이시니 · 양윤희 사비나　22
성모님, 제 신앙생활은 몇 점일까요? · 김옥자 효주아녜스　26
어머님이 알아서 좋은 걸 주시겠지 · 하숙희 골롬바　　　　29
성모님, 언제든지 주문하셔도 좋습니다 · 홍남순 사비나　　32
못난 딸이 엄마를 위해 · 이경숙 세실리아　　　　　　　　36
성 요셉 성월에 성모님께 고백합니다 · 이경미 프란치스카　39
주님 보시기에 아름다운 아이로 자라도록 지켜 주소서 · 정진라 소화 데레사　42
수험생을 위한 103일의 기도 시간 · 이혜경 안젤라　　　　46

제2부 아침저녁으로 성모님의 손을 잡고

저와 함께 우셨고, 저와 함께 기도해 주셨습니다 · 조돈숙 안젤라   53

성모님, 늘 함께해 주세요 · 김점분 유리안나   57

요한이보다 딱 하루만 더 사는 것 · 신현희 엘리사벳   61

뒤늦게야 깨달았습니다 · 박경원 데레사   63

이분이 네 어머니시다 · 노귀희 소피아   66

집 나간 남편을 용서합니다 · 조은형 베로니카   69

순명하며 살다 보니 모든 것을 이끌어 주셨습니다 · 신영순 안나   73

아침저녁으로 성모님의 손을 잡고 · 최미숙 가타리나   77

할머니, 꼭 한번 안아 드리고 싶습니다 · 박정애 로사   79

성모님의 도움으로 목표에 이르네 · 최정애 사라   82

제3부 오늘도 저는 성모님께 청합니다

신앙은 있는 그대로 받아들이는 것 · 남순희 힐라리아   89

딸아, 내게 기대라 · 류경숙 아녜스   92

겸손을 모르던 제가 성모님께 받은 선물 · 유재선 베로니카   95

아들을 가슴에 묻은 어머니를 위해 · 김보영 아우구스티노   99

콩나물이 자라듯 커 가는 신앙 · 이종칠 베네딕토   103

성모님의 따뜻한 사랑을 전달하는 심부름꾼 · 최정순 마리나   107

주님의 종이오니 그대로 제게 이루어지소서 · 한영순 젬마   110

오늘도 저는 성모님께 청합니다 · 서수정 세레나   114

참뜻도 모르면서 바친 9일 기도 · 권회련 요셉피나   117

그리스도의 향기를 내는 신앙인이 되기를 · 김미영 엘리사벳   120

제4부 성모님은 저의 엄마, 어머님이십니다

점차 하늘을 만나는 아기새처럼 · 김태이 데레사   127

희망 주신 성모님, 감사합니다 · 노시순 안나   130

이제는 엄마를 이해하려 합니다 · 오승희 데레사   133

성모님은 밤낮으로 돌보아 주십니다 · 이명자 데레사   137

오늘도 묵주알 굴리는 걸 무기로 삼으렵니다 · 박남순 가타리나   140

성모님이 계셨기에 수많은 역경을 이겨 낼 수 있었습니다 · 최양진 율리아   143

성모님은 저의 엄마, 어머님이십니다 · 최비가나 마리아 막달레나   146

올해는 세 가지 은총을 청합니다 · 장석복 아우구스티노   149

성모님, 사랑합니다 · 황정숙 데레사   153

너는 내 사랑하는 아들이다 · 진현수 타대오   155

제5부 빈손으로 보내지 않으시는 성모님

성모님이 살며시 놓고 가신 선물 '지혜' · 박상배 마태오 … 163

힘들 때 부르고 싶고, 기쁠 때 자랑하고 싶은 이름, 어머님 · 김선숙 글라라 … 166

하느님의 영광을 조금이나마 이 세상에 드러낼 수 있다면 · 정석기 대건안드레아 … 168

사랑의 공동체로 어머님 발아래 바치는 장미 꽃다발 · 이종숙 세실리아 … 173

빈손으로 보내지 않으시는 성모님 · 차효순 스텔라 … 176

사랑하는 제 어머님 마 · 리 · 아 · 정정숙 프란치스카 … 180

세상에서 가장 깊고 넓은 어머님 품속 · 이일순 요셉피나 … 185

믿음 안에서 생활할 수 있었던 삶에 감사드리며 · 이현철 이사악 … 189

나의 저녁이 너의 아침이길 · 김혜숙 마리아 … 192

사랑을 심어 주시는 성모님 · 박승철 델피노 … 198

제1부

성모님, 언제든지 주문하셔도 좋습니다

마라톤을 하듯 성모님께 달려갑니다

장미꽃같이 예쁘신 성모님!
함박꽃같이 밝으신 성모님!
진달래꽃같이 고우신 성모님!

성모님은 참으로 아름답습니다.
성모님의 모습은 어머니의 마음 그대로입니다. 늘 저를 위해 기도해 주시고, 울고 있는 제게 두려워하지 말라고 등을 토닥여 주신 어머님. 당신이 계셔서 저는 정말 든든합니다. 사실 저희는 인간인지라 세상을 살면서 많은 아픔과 만납니다.
칠십 평생을 넘게 살아온 저도 세상살이가 너무 힘들 때가 많았습니다. 저희 세대가 모두 그렇듯이 어릴 때는 가난과 배고픔이 힘들었고, 네 자식의 어미여서 제대로 된 어머니 노릇을 하기가 어려웠습니다. 무엇보다도 참을 수 없었던 것은 자식들이 아플 때였습니다.

　얼마 전 저희 큰딸이 뇌 수술을 받게 되었습니다. 가정과 사회에서 중책을 맡은 딸의 병을 알았을 때, 저는 아무 말도 나오지 않았습니다. 머리가 멍한 채 어떤 생각도 할 수 없었습니다. 그러다가 십자 고상을 쳐다보았습니다. 그때 하나밖에 없는 아들이 죽는 순간까지 그 어려움을 묵묵히 지켜보면서 희망의 끈을 놓지 않고 기도하시는 성모님의 모습이 떠올랐습니다.

　'제가 겪은 고통을 어찌 아들을 십자가에 못 박혀 보내신 성모님의 고통에 비하겠습니까?' 하면서 저는 마음을 고쳐먹었습니다. 제가 기댈 수 있는 건 성모님께 기도드리는 것뿐이었습니다. "성모님, 제 자식들은 제 삶을 지탱해 준 버팀목입니다. 사랑과 헌신을 다해 키웠으나 인류의 죄를 대신해 십자가를 지신 예수님을 지키셨던 성모님의 큰 사랑에 다가가기엔 제가 너무 부족합니다. 부디 성모님께서 제 딸과 함께해 주십시오."

　묵주 기도를 올리고 나니 마음이 편안해졌습니다. 성모님이 지켜 주실 거라는 믿음이 생겼습니다. 게다가 저는 혼자가 아니었습니다. 제 고통을 함께 나눠 준 교우들의 간절한 기도가 큰 힘이 되었습니다.

　성모님이 지켜 주신 덕분에 딸의 수술이 잘 되었고, 지금 딸은 아주 빠르게 회복하고 있습니다. 더욱 감사하게도 오랫동안 성당에서 멀어졌던 딸이 주님의 품으로 한 걸음씩 다가서고 있습니다. 제게 닥친 고통은 참 힘들었지만 이 모든 과정이 성모님이 당신의 큰 품으로 저희 모두를 끌어안기 위해서였음을 깨달았습니다.

성모님, 이제 저는 성모님의 마음을 닮으려고 더욱 노력하겠습니다. 성모님의 마음을 세상 이웃들이 알도록 선교에 더욱 애쓰겠습니다. 언제나 보이지 않는 곳에서 세상의 빛이 되는 그리스도인이 되겠습니다. 제가 고통 중에 있을 때 힘이 되어 준 교우들에게 저도 늘 곁에서 기대어 쉴 수 있는 나무 그늘이 되겠습니다.

제 얼굴은 주름이 져서 쭈글쭈글하지만 성모님의 딸로서 예쁘게 살려고 노력하겠습니다. 저는 살면서 한 번도 마라톤을 뛰어 본 적이 없습니다. 하지만 제 모든 숨을 모으고 마음을 모아 마라톤을 하듯 성모님께 달려가겠습니다. 다리가 부실해서 1등은 못해도 끝까지 완주할 때, 골인 지점에서 성모님이 박수를 쳐 주시리라 믿습니다.

성모님, 감사합니다.

고연심 아네스

어머니의 끝없는 자식 사랑

매주 금요일은 저희 레지오 마리애 주회가 있는 날입니다. 오늘도 어김없이 성모님께 기도드리러 성당에 갑니다.

"원죄 없이 잉태되신 마리아님, 당신께 매달리는 저희를 위하여 빌어 주소서."

습관처럼 입으로만 올리는 기도, 타성에 젖어 레지오 마리애 단원으로서 의무와 자격이 무엇인지, 성모님에 대한 신심이 어떤 건지, 신앙인으로서 서야 할 자리가 어디인지도 모르고 출석률이나 활동 보고에만 급급해하는 허울 좋은 단장의 자리, 이것은 분명 아닌 듯합니다. 좀 더 성모님께 가까이 다가가고 싶습니다. 성모님의 자비와 인내와 겸손을 느끼고 실천하고 싶습니다. 그러나 성모님을 다 알기엔 늘 부족하기만 합니다. 그때 성모님을 조금이라도 이해하고 알게 해 준 분이 떠올랐습니다.

그분은 바로! 저희 어머니입니다.

어머니는 동구 밖, 마을 어귀에서 지팡이를 짚고서 한없이 기다립니다. 서울에서 내려오는 큰아들 내외를 말입니다. 시골 학교 운동장에서 체육대회가 열립니다. 가을 하늘에 만국기가 가득 펄럭입니다. 그곳에는 서울에서 아들이 보냈다는 10만 원짜리 찬조금 봉투도 끼어 있습니다. 아들은 보내지도 않았는데 말입니다. 마을 어르신들이 봄 벚꽃 놀이, 가을 단풍 놀이를 하러 갑니다. 그때마다 꼭 빠뜨리지 않고 기사님이나 이장님에게 아들이 보냈다는 수고비를 건넵니다. 아들은 보내지도 않았는데 말입니다.

김장철이 다가옵니다. 김장 때마다 어머니는 꼭 내려오라고 성화입니다. 하는 일 없이 바쁜 며느리는 겨우겨우 시댁에 내려갑니다. 김장이 거의 끝나고 마무리만을 남겨 놓을 때입니다. 어머니는 동네 사람들에게 말합니다.

"아, 우리 며느리가 와서 이렇게 다 해 놓았다네."

동네 사람들은 다 알고 있는데 말입니다. 이장님네는 말합니다. "자기는 시어머니 복도 많아."라고 말입니다.

그런데 어머니가 그렇게 끔찍이 여기던 아들이 십자가에 매달렸습니다. 은행 지점장이던 아들, 이 세상에서 제일 잘난

줄 알았던 그 아들이 실직한 것입니다. 아들의 어이없는 소식에 어머니는 침묵만 지켰습니다. 동네 사람들은 말했습니다.

"어머니가 왜 저렇게 여위셨지? 왜 저렇게 얼굴빛이 안 좋으셔? 요즘은 기운이 하나도 없으시네."

아, 그때 어머니는 이미 큰 병을 얻었나 봅니다. 아들은 1년 만에 기적적으로 복직했습니다. 우리 가족은 둘째 시동생이 살고 있는 제주도에 기쁜 마음으로 여행을 갔습니다. 그런데 비행기 안에서 어머니가 "어멈아! 내가 요즘은 통 입맛이 없구나. 소화도 잘 안 된단다."라고 했습니다. 제주도에 내려 진찰을 받은 결과 빨리 큰 병원에 가 보라는 것이었습니다. 곧바로 서울 성모 병원에 입원했지만, 어머니는 일주일 만에 세상을 떠났습니다. 그날은 바로 아버님의 제삿날이기도 했습니다.

저는 성모님을 잘 몰랐습니다. 기도 또한 간절하지도 않았습니다. 어머니의 끝없는 자식 사랑, 그것이 바로 성모님의 마음이었음을 이제야 알았습니다. 앞으로 살아가면서 성모님께 기도드려야만 하는 이유를 알려 주고 떠난 어머니, 당신의 무한한 사랑이 바로 성모님의 사랑임을 알려 주고 떠난 어머니! 어머니, 사랑합니다.

부족하기만 한 저의 신앙에 불을 지펴 주시고 더욱 단단히 다져 주시는 성모님, 이 모든 것은 제가 가는 길이 아니고 분명 성모님이 열고 인도하시는 길임을 잘 알고 있습니다. 제가 비록 성숙한 신앙인은 아닐지라도 당신이 밝혀 주시는 그 길로 차근차근 나아가겠습니다. 그리고 기도드리겠습니다.

성모님! 사랑합니다. 감사합니다. 아멘.

홍성나 제노비아

성모님은 같은 여자이고 같은 엄마이시니

영원한 도움의 성모님!

문득 10년 전, 하느님을 원망하면서 냉담하던 때가 떠오릅니다. 그러던 제가 당신의 이름을 부르면서 다시 기도를 시작했습니다. 저에게 당신은 언제나 영원한 도움이시며 길의 안내자이십니다. 성모님, 제 딴에는 최선을 다해서 열심히 살았지만 다정하고 사랑이 가득한 사람이 되지 못했습니다. 저와 다른 사람들을 너그럽게 받아들이지도 못했습니다. 저는 늘 저의 기대에 부응하지 못하는 아이들과 남에게만 잘해 주는 남의 편 같은 착한 남편에 대한 불만으로 불행했습니다.

착하고 올바르던 제 아이는 성당의 복사를 거쳐 중고등부 활동을 하면서부터 부정적으로 변하더니 심하게 방황하기 시작했습니다. 사춘기 때문이었겠지만 저는 아이가 성당에 나가더니 잘못되었다는 생각에 하느님을 원망했습니다.

게다가 시댁 식구들은 가족이라는 이름 아래 시댁의 모든 일을 착한 남편에게 떠안겼고, 그 짐은 고스란히 제 몫이 되었습니다. '나'라는 존재는 없고 누구의 엄마, 누구의 부인으로서의 책임이 저를 짓눌렀습니다. 몸도 마음도 지쳐 갔습니다. 공평하지 못하다고 따지려고 하면 무슨 신자가 그러냐고, 그렇게 사랑하는 마음이 없으면서 성당에는 뭣 하러 다니냐는 말을 들었습니다.

제가 주님을 욕 먹이는 사람이 되어 버린 것 같아서 주님께 죄송한 마음이 들면서도 이 모든 상황의 책임이 마치 하느님께 있는 것 같은 생각이 들었습니다. '주님 뜻대로 살려고 노력해 왔는데 왜?' 하는 심정이었습니다. 그래서 제 아이도 원래대로 돌려 놓고, 남편도 온전히 제 편이 되게 해 주실 때까지 하느님을 뵙지 않으리라는 심정으로 하느님께 등을 돌렸습니다. 어이없는 일이었습니다만 하느님 말고는 반항할 곳도 원망할 곳도 없었습니다. 그렇게 시간이 지나갔습니다.

그러나 나무를 떠난 가지가 말라 가듯이 시간이 갈수록 저는 영적으로 점점 메말라 갔습니다. 마음속으로는 '주님, 살려 주십시오.' 하고 부르짖었지만 자존심 때문에 소리 내어 기도하지 않았습니다. 딱 죽을 것 같던 그때, 죄인들을 위해서 기도하시는 분, 성모님이 생각났습니다. 그래서 저는 묵주를 잡았습니다. 처음에는 모든 묵주알마다 성모송으로만 기도했습니다. 성모님은 같은 여자이고 같은 엄마이시니 어쩐지 저를 이해해 주실 거라는 생각이 들었습니다. 그리고 그것은 실제로 이루어졌습니다. 그때까지도 제 성모 신심은 아주 희박했지만 성모님은 같은 여자, 같은 어머니로서 제게 다가오셨습니다.

성모님은 아무 말 없이 저와 함께 기도해 주셨습니다. 저는 성모님 품에 숨어 묵주 기도를 반복했습니다. 24시간을 기도해도 모자랄 것처럼 똑같은 기도를 반복적으로 하다 보니 마음이 많이 진정되었습니다. 묵주 기도를 드릴 때 그 고요한 시간을 통해서 저는 주님 안에 머물 수 있었고 제 마음은 치유되었습니다. 성모님은 제 손을 잡고 같이 기도하시면서 저도 모르는 사이에 어느새 예수님과 하느님 아버지의 손에 저를 넘겨 주셨습니다.

저를 다시 주님 앞으로 데려다주신 길의 안내자이시며 영원한 도움의 어머님이시여!

성모님, 당신은 저와 함께 그냥 말없이 울어 주셨고, 푸근한 피난처가 되어 주셨습니다. 사랑하는 저의 어머님 성모님! 언제나 든든한 제 편이신 성모님의 손을 잡고 오늘도 저는 제 육신의 어머니가 저에게 물려준 오래된 묵주를 잡고 기도합니다. 당신은 아드님으로 인한 아픔을 겪으셨기에 노심초사하며 자녀를 지켜보는 엄마들의 마음을 잘 아시고 모든 여자들의 처지도 잘 아십니다. 어머님, 저를 비롯한 이 세상의 모든 못난 자녀들을 위해서 빌어 주십시오. 그리고 그 못난 자녀들을 자식으로 둔 세상의 모든 부모를 위해서 빌어 주십시오!

사랑하고 또 사랑합니다, 어머님! 그리고 감사합니다.

양윤희 사비나

성모님, 제 신앙생활은 몇 점일까요?

어제저녁 비가 내렸습니다. 비는 흙먼지 흩날리던 대지를 촉촉하게 적셔 주었습니다. 나뭇잎은 더 무성해지고 피고 지는 꽃이 어우러져 뒷동산을 아름답게 만들어 주었습니다. 저는 묵주를 한 알, 한 알 굴리며 성모님과 함께 그 길을 걷습니다.

환희의 신비를 묵상하며 성모님의 믿음과 용기를 청하고, 성모님이 엘리사벳에게 위로받고 함께 기쁨을 나누었듯이 제게도 그런 믿음의 친구를 청합니다. 고통의 신비를 묵상하며 성모님의 그 피눈물 나는 아픔과 인내를 생각하고, 영광의 신비를 묵상하며 성모님 사랑의 완성을 생각합니다.

오랜 시간 그 길은 제 여린 마음을 쓰다듬어 주고, 제 아픈 마음을 위로해 주고, 제 아픈 육체를 치유해 주고, 제 영혼을 맑게 해 주었습니다.

온 산을 한 바퀴 뛰고 기도하는 아들 녀석의 그 자리에 오늘도 제가 있습니다. 타는 듯한 붉은 저녁 노을을 바라보며 아들의 바람과 제 바람이 주님께 닿기를 기도드립니다.

성모님, 제 신앙생활은 몇 점이나 될까요?

때로는 주님 때문에 행복하고, 때로는 주님이 제 전부이기도 합니다. 그러나 대부분의 시간은 주님이 제 생활 순위에서 한참 밀려 있습니다. 추운 겨울날 따뜻한 매트 위에서 엉덩이 떼기가 싫어 미사에 참례하러 갈까 말까 망설이고, 비바람 치는 날이나 무더운 여름날이면 갖은 핑계를 대며 당신을 만나러 가는 길에서 갈등합니다.

그뿐인가요, 사람에게서 오는 미움과 시기, 질투와 욕심은 순간순간 저를 괴롭히고 사랑하지 못하는 이 마음은 당신과 멀어지게 합니다. 그러다가 저에게 어려움이 닥치면 다시 주님과 성모님을 애타게 찾으며 "저 지금 너무 힘들어요." 하고 외칩니다. 그렇게 한 고비 겪고 나면 주님의 은총과 성모님의 사랑이 얼마나 컸는지 느끼고 압니다.

사는 일의 무게로 다가오는 고통과 즐거움, 온갖 유혹에 빠져 예수님을 잠시 잊어버린다 해도 성모님의 사랑은 제 마음의 등불이 되어 주님을 금방 찾아 나설 것입니다. 언제까지나 어머님 당신처럼 예수님을 그리워하고 갈망하며 살 수 있으면 참으로 좋겠습니다. 허무하게 사라질 이 세상에 집착하지 않도록 교회의 어머니이고 모든 은총의 중재자이며, 모든 기도의 전구자이고 모든 인간의 보호자이신 성모님, 저희를 위하여 빌어 주소서.

은총이 가득하신 마리아님, 기뻐하소서!

주님께서 함께 계시니 여인 중에 복되시며

태중의 아들 예수님 또한 복되시나이다.

천주의 성모 마리아님,

이제와 저희 죽을 때에

저희 죄인을 위하여 빌어 주소서. 아멘.

김옥자 효주아녜스

어머님이 알아서 좋은 걸 주시겠지

성모님!

성모님께 글을 쓰려고 지난날들을 생각해 보니 참 많은 것들을 어머님께 청하면서 살아왔다는 것을 알았습니다. 지금은 많이 잊어버렸지만 힘들고 어려운 고비마다 성모님께 기도드리면서 "어머님이 알아서 좋은 걸 주시겠지." 하는 든든한 믿음이 제 안에 있었기 때문입니다.

어렸을 때 엄마에게 늘 받기만 하는 것을 당연하게 여겼듯이 저는 성모님을 은총을 나누어 주시는 주님의 복된 어머님으로만 여겨 왔습니다. '고통의 신비'를 바치면서도 정작 성모님의 고통을 헤아리지는 못했습니다. 머리로는 알았지만 가슴 깊이 느끼지는 못했습니다. 환희와 영광의 성모님만을 생각해 왔던 것입니다.

성모님!

작년 한 해 동안 저는 무척 힘들었습니다. 자격 시험 준비를 하던 큰딸과 대학 입시에 떨어져 재수를 하게 된 막내아들 모두 공부를 하느라 지쳐 있었기 때문입니다. 체육학과를 지망했던 막내아들이 무리한 연습으로 근육을 다쳐서 제대로 실기 시험을 치르지 못해 대학 입시에 낙방하자 얼마나 걱정이 되던지요! 공부보다는 예체능이 적성에 맞다는 아들은 모처럼 마음을 다잡고 공부를 시작했습니다. 제가 아이를 위해 해 줄 수 있는 것이 기도밖에 없음을 알기에 저는 간절한 마음으로 성모님께 매달리며 기도를 드렸습니다.

성당에 모여 수능 100일 기도를 바칠 때, 아이들의 이름을 부를 때면 마치 전쟁터에 아들을 보낸 엄마처럼 비장한 심정이 되곤 했습니다. 매주 월요일에는 성전에서 '십자가의 길'을 함께 바쳤는데 처음에는 기도문을 제대로 읽을 수 없을 만큼 눈물이 났습니다. 공부에 지쳐 힘들어하는 아이와 십자가를 지고 가신 예수님과 그 곁을 지키셨던 성모님의 고통이 함께 느껴지면서 걷잡을 수 없이 눈물이 흘렀습니다. 죄도 없이 십자가에 못 박히는 아들을 지켜보셔야 했던 성모님의 마음을 알 것만 같았습니다. 저는 성모님이 고통과 인내의 어머님이심을 그때 비로소 알았습니다.

기도를 바치면서 저는 차츰 제 아들의 십자가는 바로 제 욕심이었음을 알게 되었습니다. 처음에는 슬퍼서 울었고 나중에는 부끄러워서 울었습니다. 아이가 아니라 제가 변화되어야 함을 깨달은 것은 진정 은총이었습니다. 아들에 대한 욕심을 내려놓으면서 아들도 저도 한결 수월하게 시험 준비를 할 수 있었습니다. 성모님은 언제나 제가 청한 것보다 더 좋은 것, 더 필요한 것을 주셨습니다.

"성모님과 더불어 즐겁게 살고, 성모님과 더불어 모든 시련을 견디어 내며 성모님과 더불어 일하고, 성모님과 더불어 기도하고 성모님과 더불어 여가를 즐기고, 성모님과 더불어 쉬어라."라고 한 어느 성인의 가르침대로 저도 살고 싶습니다.

성모님, 사랑합니다.

하숙희 골롬바

성모님, 언제든지 주문하셔도 좋습니다

성모님!

이처럼 성스러운 자리에서 성모님을 감히 불러 봅니다. 저는 어릴 적 광주 북동 성당 담 너머에 살면서 성모님이 계시던 놀이터에서 유년 시절을 보냈습니다. 어른들이 쓰는 망사 미사보가 너무나 예뻐 보이고 성수를 찍어 기도하는 어른들을 보면 나도 커서 저런 걸 꼭 해 봐야지 했던 적이 있었습니다. 숨바꼭질이나 '무궁화꽃이 피었습니다'를 할 때면 성모님이 중심이 되어 그분의 치맛자락을 잡고 맴돌곤 했지요.

중학교 때는 안토니오, 비오라고 세례명을 부르며 지내던 성당 친구들이 멋있어 보여 나도 세례를 받으면 안토니오, 비오라고 해야지 했습니다. 남자 세례명인 줄도 모르고 말이지요. 그러나 세례를 받은 후 결혼하고 아이를 낳으며 바쁜 일상 속에 냉담을 하게 되었습니다.

남편의 직장을 따라 지방으로 내려가 아이를 업고 버스를 타고 오일장에 가던 어느 날, 조그마한 시골 성당 한쪽에서 성모님이 저를 부르시는 듯했습니다. 버스가 성당을 지나치자 아쉬운 마음이 들었지만 한편으로는 다시 성모님을 찾아가기가 두렵기도 했습니다. 그러나 용기를 내어 다음 날 그 성당으로 가 성모님과 침묵 속에 면담을 하듯 기도했습니다. 그날 이후 저는 다시 성실한 신자가 되었습니다.

몇년 후 저는 다시 안산으로 이사하고 상록수 성당에서 여러 단체장을 맡아 매일 봉사했습니다. 저를 부르지 않아도 제발로 성당을 찾아가 성체조배를 하고, 성모님 곁에, 아니면 수녀님 곁에 다가가 심부름이라도 시켜 주길 기다렸습니다.

잠도 많았던 젊은 나이에 새벽 미사에 다니며 30분 일찍 수녀님 옆에 앉아 독서나 전례를 시켜 주길 은근히 기다리기도 했습니다. 연세가 많은 분들이 많이 참례하는 새벽 미사에서 조금이라도 젊은 제가 여지없이 주님을 위해 봉사할 수 있었지요. 그런 날이면 하루가 어떻게 가는지 모르게 즐겁고 기분이 날아갈 듯 좋았습니다. 가슴 벅찬 기쁨으로 다시 성체조배를 하고 성모님 앞 꽃밭에서 괜히 서성거리며 혼자 중얼거리기도 했습니다.

한창 신앙이 무르익어 갈 즈음, 둘째 딸을 통해 아랫집에 사는 104세 된 할머니를 알게 되었습니다. 현관 계단에 앉아 있는 할머니에게 딸이 간식을 나눠 드리곤 했나 봅니다. 아들도 없이 손자 집에 얹혀 살던 할머니는 손자며느리의 박대에 식사도 제대로 못하고 거동도 불편했습니다. 저는 4년 동안 주일만 제외하고 날마다 할머니 집에 도시락을 들고 찾아갔습니다. 뼈가 보일 정도로 욕창이 심한 부분을 날마다 소독하고 약을 발랐고, 할머니의 기저귀를 갈고 대변도 받았습니다.

어찌 제가 그런 일을 할 수 있었겠습니까? 이것 또한 성모님이 제게 지혜를 주시고 주님이 늘 저와 함께하셨기에 가능한 일이었습니다. 모니카라는 세례명으로 조건부 세례를 받고 104세 할머니는 저의 대녀가 되었습니다. 그리고 얼마 후 하늘나라로 갔습니다.

요즘 저는 성모님께 드리는 꽃들을 여러 영혼들과 함께 바친다는 생각으로 봉헌하고 있습니다. 이런 사연과 체험으로 저의 신앙은 깊어져 신앙생활에 '상처'라는 단어는 없습니다. 하느님이 저희 가족을 지방으로, 또 안산으로 보내어 저를 이렇게 쓰시려고 하셨나 봅니다. 이제 또다시 성모님 앞에 서성거리며 무슨 꽃으로, 어떤 색깔로, 어떤 모양으로 아름다우신 성모님께 예쁜 꽃 한 아름 만들어 드릴까 생각합니다.

성모님! 주문하셔도 좋습니다. 저는 당신의 명령에 순종할 것을 맹세합니다.

어머님 눈빛과 마주 보는 저의 눈빛 사이에 빛나는 광채의 선이 있지 않습니까?

성모님! 영원히 사랑합니다. 당신의 딸 사비나 올립니다.

홍남순 사비나

못난 딸이 엄마를 위해

창밖을 내다보니 성모님 찬미가를 부르고 싶은 새벽입니다.
"먼동이 트이듯 나타나고, 달과 같이 아름답고, 해와 같이 빛나며, 진을 친 군대처럼 두려운 저 여인은 누구실까?"
아직 해가 떠오르지 않아 하늘이 붉게 물들어 있지만, 곧 떠오르겠지요? 캄캄했던 밤을 빛으로 비추며 성모님이 망토를 펼치고 곧 나타나실 것만 같은 시간입니다.
제가 개신교 신자일 때, 어떤 천주교 신자의 권고로 다미안 신부의 전기를 접하게 되었습니다. 다미안 신부의 삶에 감명을 받은 저는 교리를 받은 지 18개월 만에 세례를 받았습니다. 세례받고 한 달 만에 결혼하고, 4년 후에 성모님 군대에 입단하여 성모님의 이끄심으로 바쁘게 살아왔습니다. 암 센터 호스피스에서 봉사하고, 장애인 공동체의 아이들을 돌보고, 노숙인들에게 밥 해 주는 일에 동참하고, 고아원의 아기들을 만나는 등, 지나온 모든 일이 저에게 감사하는 마음을 키워 주신 성모님과 함께한 시간이었습니다.

성모님을 생각하면 저의 엄마가 생각납니다. 자식들을 위하여 모든 것을 내어주고도 부족하다고 한 엄마, 그런 엄마에게 저는 나쁜 딸이었습니다. 불평도 많이 하고, 무시하고, 마음 아프게 하고, 심지어 빨리 죽었으면 좋겠다고 생각한 적도 있었지요. 그런 엄마가 몸이 좀 아프다고 한 지 7일 만에 하늘나라로 올라갔습니다. 효도 한번 해 본 적 없는 저는 눈물조차 흘리지 않았습니다. 그러다가 장례를 치르고 집으로 돌아오니 그제야 엄마 생각으로 눈물이 흐르는 겁니다. 제가 엄마를 미워한 것이 아니라 사랑하고 있었나 봅니다. 상실감이 너무 컸습니다.

그때만 해도 저는 간신히 주일만 지키며 살았는데 기도할 수 있도록 이끌어 준 사람은 제가 그토록 미워한 엄마였습니다. 엄마 생각을 하면서 방을 닦고 있는 저에게, 엄마는 가슴에 손을 얹고 제 앞에 나타나서 "나를 위해 기도해 줄래? 나 아직 하느님 나라에 들어가지 못했단다."라고 한 후 곧바로 사라졌습니다.

그 다음 날부터 저는 엄마를 위해 매일 미사를 바쳤습니다.

5년도 넘게 미사를 드렸는데, 어느 날 꿈에 엄마가 흰옷을 차려입고 행복한 미소를 머금고 나타났습니다. 시편의 노랫가락이 울려 퍼지는 가운데 엄마는 하느님 나라로 올라갔습니다. 그 후로는 미사 때에도 더 이상 엄마를 위한 지향이 떠오르지 않았습니다.

저는 '아! 하느님께서는 못난 딸을 통해 엄마를 구원해 주셨구나.'라고 확신하며 기쁘게 살아가고 있습니다. 이제는 기쁜 소식 자체이신 예수님을 사랑하며, 이웃에게 사랑을 전하는 자녀다운 자녀가 되고자 합니다.

성모님! 저희를 위해 늘 기도하시고, 사랑해 주시니 감사드립니다. 당신 아드님께 저희의 죄를 용서해 달라고 간구하시며, 저희의 허물을 덮어 주시는 성모님! 당신을 조금씩이라도 닮게 도와주소서. 아멘!

이경숙 세실리아

성 요셉 성월에 성모님께 고백합니다

사랑하는 성모님! 3월은 예수님의 양부이자 당신의 배필이신 요셉 성인을 기리는 달입니다. 그래서 오늘은 당신과 함께 요셉 성인을 생각하고자 합니다.

한 달 전, 복사를 섰던 딸과 평일 미사를 마치고 성당을 나오다가 수녀님에게서 글을 써 달라는 부탁을 받았습니다. 저는 깜짝 놀라 "저 못해요, 저 못해요." 하는데 옆에 있던 딸이 "엄마, 할 수 있어." 그러는 겁니다. 항상 딸에게는 똑바로 서서 아나운서처럼 발표하라고 하면서 엄마가 못한다고 하니까 딸의 눈에 제가 이상하게 보였나 봅니다. 그래서 큰 용기를 내어 두서없지만 저의 마음을 열어 볼까 합니다.

사실 저는 요셉 성인에 대해서는 아무 관심도 없었음을 고백합니다. 3년 전만 해도 본당 후문을 들락거리면서 그곳에 서 있는 성 요셉상을 보고 습관처럼 고개만 까딱 숙이고 다녔습니다. 그러던 차에 수녀님이 저에게 성 요셉상을 돌봐 달라고 부탁했습니다. 그 뒤부터 저는 꽃을 놓고 물을 주고 청소를 하면서 겸손하고 믿음이 깊었던 요셉 성인을 성모님과 함께 자연스럽게 공경하게 되었습니다.

처음 성 요셉상을 돌보면서 정말 우리 집 꽃밭처럼 온갖 정성을 다 쏟았습니다. 얼마나 좋은지 날마다 들여다보고, 혹시 지방에 갔다가 하루라도 들르지 못할 땐 집보다 성당에 먼저 들러 물을 주고 꽃이 시들었는지 확인을 한 후에 집으로 돌아가곤 했습니다.

그 당시 저는 성 요셉상을 돌보는 새로운 기쁨에 즐거웠지만, 개인적으로는 법적인 문제가 있어 아주 어려운 상태로 소송을 진행하고 있었습니다. 그래서 주님께 부르짖으며 성모님과 요셉 성인에게 간절히 매달려 열심히 기도할 수밖에 없었습니다. 현실적으로는 제가 소송에서 이긴다는 것이 거의 불가능했습니다. 그런데 저의 기도가 이루어져 그 어려웠던 일이 깨끗하게 해결되는 큰 은총을 입었습니다. 그 일을 생각하면 지금도 감사함에 고개가 숙여집니다.

사실 저의 어린 딸이 약간은 엉뚱한 편입니다. 본당 신부님이 처음 왔을 때 우리 딸이 좀 수상했던지 "너의 정체를 밝혀

라." 하고 묻자 "저는 외계인입니다."라고 대답하는 황당한 일이 있었습니다. 그 아이도 대안학교 3학년을 마치고 낯선 성당에 와서 특별한 은혜로 복사를 서는 영광을 입고 있습니다.

성모님! 제가 성모님을 통해 입은 큰 은혜들을 어찌 이 자리에서 다 말씀드릴 수 있겠습니까?

성모님! 저는 앞으로도 성모님을 가슴에 모시고 우리 성당 성 요셉상 앞에 꽃을 놓고 돌보면서 제 신앙생활을 더욱 다져갈 것을 다짐합니다. 그리고 지금까지 제 삶의 여정에 함께하고 도와주신 많은 은혜를 잊지 않고 감사드리면서, 성모님과 요셉 성인이 침묵과 겸손함 안에서 예수님을 사랑하셨듯이 저도 노력하겠습니다.

또한 저희 성당 교우들이 성모님과 함께 정말 본받을 것이 많은 요셉 성인을 사랑할 수 있도록 기도드리겠습니다.

임종자들의 수호자인 요셉 성인과 더불어 성모님을 공경하면서 저희 성당 공동체가 앞으로도 지금처럼 평화롭고 하느님 보시기에 좋은 공동체가 되도록, 저도 공동체의 한 사람으로서 도구가 되겠다고 다짐합니다.

이경미 프란치스카

주님 보시기에
아름다운 아이로 자라도록 지켜 주소서

하느님의 사랑, 하느님의 기쁨, 예수님께 가는 가장 안전한 길이신 우리의 어머니 성모 마리아님!

저는 엄마가 될 마음의 준비도 제대로 갖추지 못한 채, 결혼하고 첫아이를 낳으면서 가정이란 것을 꾸리고, 신앙적으로는 겨우 주일 미사만 참례하는 발바닥 신자로 살아가고 있었습니다. 그러던 제가, 아이가 없는 이들에겐 아이 하나도 큰 축복이라 하겠지만, 둘째가 생기지 않아 불안함으로 맘고생을 하고 있을 때였습니다.

저는 예수님과 성모님께 매달리며 도움을 청했습니다. 그런 저의 간청을 성모님이 함께 전구해 주셔서 둘째 아이를 낳았습니다.

그런데 감사함을 표할 겨를도 없이 둘째 아이가 '난원공 개존증'이라는 진단을 받았습니다. 산후조리를 해야 되는 시기임에도 아이를 안고 이곳저곳 큰 병원을 찾아다녀야 했지요. 결국 심장에 얇은 막이 생겨 조금씩 닫혀 간다는 최종 진단을 받았습니다. 저는 그때 느꼈던 마음의 무거움을 가슴에 품고, 우리 아이가 앞으로 건강하게만 자라게 해 주시기를 주님께 기도드리면서 기쁘게 아이들을 키우겠다고 다짐했습니다.

그러나 저는 하느님이 주신 아이들에게 매일 화내고 야단치고 참지 못하는 철없는 엄마일 뿐입니다.

'저런 애를 낳으려고 하느님께 그렇게 매달렸나.' 하는 후회에는 아이를 임신했을 때의 감사함이란 찾아볼 수 없는 메마르고 지친 제 마음만 보게 되었습니다. 저에게 맡겨 주신 사랑의 선물이 아니라 아이를 제 소유로 여겨 제 뜻에만 맞추려고 하는 제 자신을 말입니다.

하느님의 아드님이신 예수님을 낳으셨지만, 온전히 당신의 아들이 아니라 그분을 봉헌하고 그분과 함께하며 그분의 수많은 고통을 가슴에 묻어야 했을 성모님의 마음을 저는 잊어버렸습니다.

어린 시절, 이른 새벽이면 어김없이 안방에서 새어 나오던 불빛을 보고, 기도를 바치는 엄마에게 잠을 설치게 한다며 짜증을 낸 때도 있었습니다. 그러나 매일 그 시간 촛불을 켜고 자식들을 위해 기도를 바치던 엄마의 뒷모습을 보고 눈물을 흘리기도 했던 생각이 납니다.

넉넉하지 못한 살림에 남편도 없이 자식 다섯을 키우기 힘도 들고 많이 버거웠을 텐데, 그때마다 엄마를 버틸 수 있게 해 준 것은 그 새벽 기도였음을 지금에 와서야 깨닫게 되었습니다. 자식들을 다 시집, 장가 보내고도 여전히 기도를 바치는 엄마를 보면서, 그러지 못하는 제 자신이 한없이 부끄럽기만 합니다.

아이의 마음을 바라보기보다는 야단을, 아이의 말을 들어 주기보다는 저의 편함을, 같이 놀아 주기보다는 바쁘다는 핑계만을 대던 그동안의 저의 행동을, 이 시간에 작고 작은 봉헌물로 드리고 싶습니다.

한평생 자신을 드러내지 않고 주님의 삶에 자신을 낮추시며, 그분의 모든 것을 마음에 품고 침묵하셨던 성모님처럼, 저도 제 아이들의 모든 것을 마음에 품을 수 있는 은총을 주님께 청합니다.

제 자신의 기분에 집중하기보다는 아이의 마음을 바라보고 같이 놀고 싶어하는 아이의 생각을 알고 함께 놀아 주며, 엄마의 사랑을 바라는 아이의 눈길에 손을 내밀어, 예수님과 온전히 함께하신 성모님처럼 우리 아이들을 작은 예수님으로 모시고 감사함과 기쁨으로 기도하는 어머니가 되게 해 주십시오.

그리하여 우리 가정에 보내 주신 아이들을 통해 이루실 하느님의 계획에, 주님 보시기에 아름다운 자녀들로 자라도록 항상 지켜 주시고 어머님 당신 망토로 감싸 주소서.

어머님! 당신의 그 순명과 인내, 침묵을 저희의 삶에서 행동으로 옮길 수 있도록 여기 모인 모든 어머니의 마음을 당신 아드님께 올려 주소서. 아멘.

정진라 소화 데레사

수험생을 위한 103일의 기도 시간

찬미 예수님!

저는 두 아이를 대학에 보내면서, 수험생을 위한 103일의 기도 시간을 부모로서, 교사로서 드렸습니다. 그 시간을 통해 깨닫게 된 저의 마음을 고스란히 성모님께 바치고자 이 자리에 섰습니다.

수험생을 위한 기도는 수능을 앞둔 스물여섯 명의 아이들과 모든 수험생을 위하여 시작되었습니다. 시간이 없다고, 기도할 줄 모른다고 핑계를 대었던 마음 대신, 자식이 원하는 대학에 합격하기를 바라는 마음으로 저희는 모였습니다.

수험생을 위한 '십자가의 길'은 다음과 같은 기도로 시작합니다.

"저희가 당신의 고통을 묵상하는 동안 시험을 앞둔 아이들을 깊이 이해하게 하소서. 또한 그 아이들에게 영육 간의 건강과 평화, 그리고 끝까지 최선을 다할 수 있는 용기와 지혜를 내려 주소서."

이러한 저희의 이 기도가 아이들의 영육 간의 건강과 평화를 진정으로 기원했던 것인지 되돌아봅니다.

매일 새벽 어둠 속에 아이를 학교로 보내고 늦은 밤 지친 몸과 마음으로 돌아온 아이의 감기는 눈을 외면한 채, 한 문제라도 더 풀고 자라는 잔소리를 저는 입에 달고 있었습니다. 공부가 삶의 전부가 아님을 알면서도 좋은 학교에 보내고 싶은 욕심과 기대로 아이를 다그치며 감정 섞인 모진 말도 서슴지 않았습니다.

아이들이 그런 부모의 마음을 몰랐겠습니까?

자신들도 열심히 하고 싶지 않았겠습니까?

어머니들은 매일 미사에 참례하고 성모님께 의지하면서 103위 성인을 통해 주님께 기도했습니다. 때론 '십자가의 길'을 걸으며 성모님의 아픈 가슴이 이런 것이 아닌지 묵상해 보기도 했습니다.

자식의 힘겨움을 보는 부모의 마음은 같았을지 모르나 성모님에 비교하면 저희는 너무 부족했습니다. 예수님의 고통의 길을 묵묵히 따르며 기도로 함께했던 성모님의 마음을 조금이라도 가졌는지 돌이켜 봅니다.

내 자식을 온전히 주님께 맡기고 의지했을까도 생각해 봅니다. 주님이 쓰시기에 합당한 인물로 만들려고 했는지, 아니면 세속의 욕심을 아이들을 통해 드러내려고 하지 않았는지 돌아봅니다.

성모님, 반성하고 또 반성합니다. 그래도 부족해 다시 한 번 무릎 꿇습니다.

이렇게 이기심에서 시작된 기도는 시간이 지나면서 서로를 이해하고 위로하고 격려하는 마음으로 바뀌어 갔습니다. 아이들 한 명, 한 명의 이름을 부르며 기도를 바칠 때마다 흘러 내린 눈물은 그 아이에 대한 미안함의 눈물이며 반성의 눈물이기도 했습니다. 103일의 기도와 묵상 그리고 미사의 시간은 부모들이 스스로를 돌아보는 시간이었고, 주님께 가까이 가는 은총과 축복의 시간이었습니다.

성모님의 사랑과 은총 안에서 보냈던 시간을 마무리하며 이제 저는 이렇게 기도합니다.

"무사히 하나의 관문을 넘어 대학생으로 새로운 출발을 시작하는 모든 아이들이 주님의 뜻을 이루는 세상의 빛과 소금이 되게 하소서. 다시 1년을 준비해야 하는 아이들에게는 힘과 용기와 지혜를 주소서. 아이들 모두 당신의 품 안에서 항상 건강과 자유를 누리게 하소서. 또한 그 아이들도 성모님의 사랑으로 그들 뒤에서 미안함과 안쓰러움으로 눈시울을 적시며 기도하고 마음 졸인 부모의 마음을 언젠가는 알게 해 주소서. 필요할 때만 당신을 찾는 어리석은 저희를 용서하시고, 자식을 위해 모든 것을 희생할 수 있는 저희에게 주님의 길을 끝까지 동반하셨던 성모님의 그 참된 사랑을 마음 깊이 느끼고 살아가게 해 주소서. 103일 동안 내 뜻이 이루어지길 기도했던 저희가 매일매일 주님의 뜻이 이루어지기를 바라는 참된 기도를 바칠 수 있도록 도와주소서. 아멘."

이혜경 안젤라

제2부

아침저녁으로 성모님의 손을 잡고

저와 함께 우셨고,
저와 함께 기도해 주셨습니다

찬미받으심이 마땅하신 예수님과 함께 자비의 모후이며 저희의 어머님이신 성모님께 찬미드립니다.

수녀님에게서 성모님께 드리는 글을 봉헌하라는 말을 듣고 마지못해 "네." 하고 대답한 뒤, 집에 와서 묵주 기도를 드리며 생각하니, 성모님께 성실하지 못했다는 자책과 죄송함을 느꼈습니다. 그럼에도 제 평생 순간순간 돌보아 주신 성모님의 손길을 되돌아보면서 감사의 눈물이 흐르고 설레는 마음도 들었습니다.

먼저 세상에서 가장 편안하고 정겨운 이름, '엄마'라고 당신을 불러 봅니다. 세례만 받았을 뿐 신자라고 할 수 없었던 철부지 시절, 30세의 나이에 청천벽력 같은 사건으로 주님은 신앙과 멀리 떨어져 있던 저를 부르셨습니다. 10·26 사태라는 정치 파동의 후유증이 남편의 직장에도 회오리바람처럼 몰아

쳤습니다. 온몸에 '백반증'이라는 피부병이 전신으로 퍼져서 몹시 심약해져 있던 남편은, 놀란 나머지 말하기조차 괴로운 극심한 공포의 정신적 장애를 겪게 되었습니다.

내적·외적으로 겹친 병고로 인하여 남편은 이사야 예언서의 구절처럼 사람이라고 할 수 없는 몰골이어서 지나가는 사람마다 쳐다보기도 했습니다. 그로부터 남편이 암 투병 끝에 영원한 안식을 얻기까지 27년! 저에게는 50년보다 더 긴 세월이었습니다. 듣지도 보지도 생각지도 못한 상황이었기에 어떻게 살아야 할지 모르는 막막함에, 몇 년은 눈물조차 흘리지 못했습니다. 그때를 생각하면, 제가 오늘 이렇게 살아 있는 그 자체가 얼마나 큰 기적인지를 실감하며 감사드릴 수밖에 없습니다.

실상 남편이 그 지경에 이르면서 네 번이나 사직서를 냈음에도 그러면 가족들이 어떻게 사느냐며 회사에서는 사표를 반려했습니다. 그 후 17년을 더 재직한 후 나이 들어 명예 퇴직을 하게 되었음을 생각하면 기적이라고 하지 않을 수 없습니다. 죽음을 부러워할 정도로 수없이 지옥과 같은 나날들을 보내면서도 이렇듯 주님은 매일 영적·육적으로 먹여 주시어 휘청거리는 저를 굳건하게 하시고 당신이 얼마나 좋으신 분인지 그 사랑을 알려 주셨습니다. 그리고 주님의 모친 성모님은 제 곁에서 저의 어머님이 되시어 저와 함께 우셨고, 저와 함께 기도해 주셨습니다.

이런 상황에서 제가 드린 것은 기도라기보다는 차라리 죽여 달라는 절규였습니다. "은총이 가득하신 마리아님."이라고 묵주를 돌릴 여유조차 없어 그저 "엄마, 엄마."라고 숨막혀 부르던 그때에, 성모님은 계신 듯 안 계신듯 하면서 언제나 위로와 희망과 평화를 가지고 저를 찾아 주셨습니다. 반평생을 훌쩍 넘기고 살면서 받은 은총이 어찌 여기에 적은 것뿐이겠습니까? 그 끝없고 자상하신 사랑으로, 마치 카나의 혼인 잔치에서 포도주가 떨어진 잔칫집을 염려해 주신 그 사랑으로, 구석구석 헤아리고 보살피셨습니다. 그 손길로 제가 주님의 딸로, 일꾼으로 신앙 안의 형제자매들과 함께 여기까지 안전하게 왔고, 오늘의 이 모습으로 있음에 또다시 깊이 감사드립니다.

이렇듯 많은 사랑과 돌봄을 받은 저이지만 어머님께 드리는 사랑은 참으로 보잘것없음에 용서 청합니다. 어머님의 그 굳건한 신앙의 모범을 무척이나 닮고 싶지만, 그러기에는 너무나 나약하고 어리석고 이기적인 자신으로 인해 수없이 넘어짐을 아파하며 어머님께 저의 소망을 아룁니다. 이제 여생 동안 어머님이 주님의 천사에게 답하신 "주님의 종이오니 그대로 제게 이루어지소서."라는 고백이 저의 고백이 되어 주님의 마음에 드는 자녀로 살아가도록 저를 위하여 빌어 주소서. 아멘.

제 어머님이 되신 사랑하올 성모님께.

조돈숙 안젤라

성모님, 늘 함께해 주세요

3월이 성큼 다가왔습니다. 이제 진달래, 개나리, 봄을 알리는 온갖 꽃들이 아름답게 피어나겠지요. 저도 움츠렸던 어깨를 쭉 펴 봅니다.

저의 어릴 적 고향은 겨울 방학이 되면 사랑방에서 교리 문답 외우는 소리가 온 동네에 울려 퍼지는 천주교 마을이었습니다. 몇 집 외에는 전부 천주교 신자들이었으니까요.

저희 집은 신자가 아니었습니다. 그래서 왠지 모르지만 그들이 부러웠습니다. 지금 생각해 보니 아마도 첫영성체 교리를 가르쳤던 것 같습니다.

저에게 가장 친한 친구가 있었는데, 그 친구가 늘 저를 자기 집으로 데리고 가서 천당·지옥이 있는 그림이며, 여러 가지 성화가 있는 그림을 설명해 주었고, 사순 시기에는 '십자가의 길', '삼종 기도'를 드리는 데 데리고 다녔지요. 저는 열여덟 살에 세례를 받았으나, 불교 집안으로 시집을 가서 혼인 장애에 걸리게 되었습니다.

큰아이를 낳은 후인 어느 날, 주인집 아이들의 과외 선생님이 천주교 신자라는 것을 알게 되었습니다. 그는 저에게 혼인 장애가 있다는 것을 알고 성당과 연결하여 이를 풀게 했습니다. 그래서 남편과 딸이 세례를 받고 신자가 되었습니다.

저의 시댁에는 동서가 셋 있는데 그중 셋째 형님이 독실한 불교 신자였습니다. 집안에 무슨 일만 생기면 절에 가서 물어보는데, 집안에 교회 다니는 사람이 있어서 그렇다고 했다면서, 결혼하면 시댁 종교를 따라야 하는 거라고 은근히 압박을 했습니다.

저는 "다른 것은 다 따르겠지만 종교만큼은 안 되겠어요."라고 했습니다. 그런데 시아버지가 제 편이 되어 "교회는 안 되지만 천주교는 괜찮다."라고 말했습니다.

시어머니가 세상을 떠났을 때 어머니를 절에다 모셨는데, 그때 저는 십자 성호부터 그은 후 시댁 식구들이 하는 대로 따라 했습니다. 이제는 오히려 형님이 동네에 성당도 생기고 성당에 다니는 사람도 많다고 전합니다. 제가 그분들을 위해서 기도드리고 있으니 주님이 부르시면 그분들이 개종하지 않을까요?

하루는 어느 자매의 권유로 레지오 마리애에 입단해서 회합에 참석하게 되었습니다. 그런데 번거로운 게 한두 가지가 아니었습니다. 제일 힘든 것이 가정 방문이나 자유 기도였습니다. 사실 힘들다기보다는 부담스러웠습니다. 그때는 내성적이라 부끄럼도 많이 탔었지요. 그래서 선서를 하기 전에 그만두어야겠다고 마음먹었습니다.

그런데 그건 생각에 그쳤습니다. 저는 곧 선서를 하고 바로 부단장이 되고 이어 단장도 되어 봉사하게 되었습니다. 아무것도 모르는 제가 활동 배당을 하고 보고를 들을 때 놀란 일이 한두 번이 아니었습니다. 이 모든 것이 성모님이 기도로 이끌어 주시기 때문이라고 느꼈습니다.

그런데도 성모님의 군대에 속한 제가 아직도 용기가 부족해서 쉬는 가족, 믿지 않는 친지들에게 거침없이 성당에 나가자고 하지 못하는 것이 안타깝습니다. 저에게 용기와 지혜를 달라고 성모님께 기도드립니다.

오늘 조용히 지난날을 되돌아봅니다. 어려운 일이 있을 때마다 "어머니, 함께해 주세요." 하며 기도드렸던 수많은 날들을 생각하며, 참 많은 세월을 성모님의 보살핌과 주님의 은총 속에서 살아왔음을 깨닫습니다. 그동안 베풀어 주신 모든 은혜에 감사드립니다.
성모님, 감사합니다. 주님, 찬미와 영광 받으소서.

김점분 유리안나

요한이보다 딱 하루만 더 사는 것

인자하신 어머님!

언제나 따뜻한 미소로 저희를 지켜보며 위로하시고, 청하는 모든 것을 받아 주시며 전구해 주시는 성모님, 감사드립니다.

성모님의 뜰 안에서, 언제나 저에게 힘을 주시는 성모님께 저의 부족한 신앙을 고백하려고 합니다. 당신이 외아들 예수님을 지켜보셔야 했듯이 21년 전, 저는 '다운 증후군'이라는 장애를 가지고 태어난 요한이를 받아들이고 키워야 했습니다.

앞으로 겪어야 할 일들을 생각하니 눈앞이 캄캄했습니다. 출산 후 요한이가 인큐베이터에 있는 보름 동안, 많은 생각과 함께 눈물을 흘려야만 했습니다.

저에게 닥친 엄청난 시련을 어떻게 극복해야 할지 굳은 의지와 기댈 곳이 필요했을 때, 당신은 저에게 필요한 용기와 희망을 은총으로 주셨습니다. 그 용기와 희망으로 주님께 나아가는 데 장애가 되었던 것들이 오히려 발판이 되었습니다.

요한이를 키우면서 아플 때나 속상한 일이 생길 때마다 마음의 평화를 잃고 방황할 때, 묵주를 손에 들고 성모님께 의탁하게 하시고 맑은 마음과 기쁨이 솟아오르게 항상 보호하여 주신 어지신 성모님 사랑에 감사드립니다. 또한 요한이를 위해 기도해 주시고, 사랑해 주신 저희 본당 교우들에게 감사드립니다.

자애로우신 성모님! 요한이는 토요일이면 성당에 가는 것을 너무나 좋아합니다. 그동안 어머님 품 안에서 보호받으며 살아온 세월에 감사하고 행복했습니다.

마지막으로 성모님께 간절히 전구하고 싶은 기도가 있습니다. '제가 요한이보다 딱 하루만 더 사는 것'입니다.

이 기도가 이루어질 수 있도록 열정을 다하여 묵주 기도를 드리며 겸손과 순명의 자세로 살아가고자 하오니 저에게 믿음과 지혜를 더해 주소서. 그리고 정신적·육체적으로 고통받는 모든 이가 어머님의 품 안에서 평화의 안식을 얻게 해 주소서.

사랑하올 성모님! 성모님을 한없이 사랑하오며 당신께 감사와 찬미를 드립니다.

신현희 엘리사벳

뒤늦게야 깨달았습니다

이 아름답고 푸른 계절에 천상의 모후이신 어머님을 그려 봅니다.

어머님! 가브리엘 천사가 하느님의 어머니가 되리라는 엄청난 소식을 전할 때, 어리둥절하고 믿기지 않는 일이 현실로 나타났을 때 얼마나 두렵고 떨리셨습니까?

짧지도 길지도 않은 인생의 나그넷길에서 어떤 놀라운 일이 닥치더라도 어머님처럼 묵묵한 믿음으로 겸손한 사람이 되고 싶습니다.

어머님! 어린 예수님을 잃어버리셨을 때 사흘이나 찾아 헤매시며 어떤 생각을 하셨습니까? 꼭 만날 수 있다는 희망으로 원점인 성전으로 돌아와 만나신 것입니까? 저희는 길을 잃고 방황할 때 그 확실한 원인을 찾아 문제를 잘 해결할 수 있는 사람이 되고 싶습니다.

어머님! 아드님이 미쳤다는 소문을 듣고 예수님을 찾으러 가셨을 때 "누가 내 어머니고 내 형제들이냐? …… 하느님의 뜻을 실행하는 사람이 바로 내 형제요 누이요 어머니다."(마르 3,33-35)라고 하신 말씀을 듣고, 한편 섭섭하기도 하고 얼마나 대견하기도 하셨습니까? 저희의 자녀들을 예수님 사랑의 계명을 깨달아 실천할 수 있는 사람으로 키우며, 저희 또한 그러한 사람이 되고 싶습니다.

어머님! 예수님이 십자가의 길을 걸으시며 갖은 고난과 수모를 당하시고 끝내는 인류 구원을 위해 십자가 상에서 돌아가셨을 때 찢어지는 가슴으로 어떻게 하느님의 뜻을 헤아리셨습니까?

저희가 아무리 억울한 일을 당하더라도 예수님처럼 그들을 위해 하느님께 용서해 달라는 기도를 드릴 수 있는 사람이 되고 싶습니다.

어머님! 예수님이 부활하시어 다시 나타나셨을 때 그 기쁨을 어떻게 감당하셨습니까? 저희의 삶에서도 진정한 영적인 회개가 이루어져 부활의 기쁨을 체험할 수 있는 사람이 되고 싶습니다.

지난 일을 돌이켜 봅니다. 세례받고 얼마 되지 않아 반원들이 모여 54일 동안 묵주 기도를 드렸습니다.

어머님이 각자의 기도를 받아 전구해 주셨음을 압니다. 함께 모여 기도할 때나 혼자 기도할 적마다 이루어 주신 열매는 어머님의 사랑이었음을 뒤늦게야 깨닫게 된 저는 미련한 사람입니다.

그러나 어머님! 부족하고 흠 많은 인간인 저희의 힘으로는 하느님이 원하시는 사람이 되기 어려우니, 가장 힘 있고 자비하신 어머님이 저희의 기도를 전구해 주시길 간절히 바랍니다.

언제나 매사에 감사하는 마음을 잃지 않고 항구한 마음으로 신앙생활을 충실히 할 수 있도록 도와주소서.

박경원 데레사

이분이 네 어머니시다

 풍성한 계절 10월, 묵주 기도 성월에 성모님께 글을 올릴 수 있음에 감사드립니다.
 저는 9남매 중 늦둥이 막내딸로 태어났습니다. 저는 대구 남산동 대건중·고등학교 정문 앞에서 살았는데, 어린 시절 학교 운동장과 뒤편에 있는 성모당에서 매일 뛰어놀았습니다. 학교 정문에 들어서면 동상이 서 있었는데, 김대건 신부의 동상이라는 것을 나중에야 알게 되었습니다.
 5월이 되면 성모당에서 신자들이 모여 '성모의 밤' 행사를 했는데 늘 구경을 가곤 했습니다. 신자들이 하얀 미사보에 촛불을 들고 기도하는 모습은 천사같이 아름다웠으며 너무나 부러웠습니다. 저도 크면 예쁜 레이스 달린 미사보를 쓰고 천주교 신자가 꼭 되리라 다짐하곤 했습니다.
 그러나 넉넉하지 못한 집안의 맏며느리에 9남매를 둔 저의 엄마는 삶이 버거울 때가 많았습니다. "가지 많은 나무에 바람 잘 날 없다."라고 힘들고 어려운 일이 많았을 것입니다. 엄마는 그럴 때면 점집이나 무당을 찾아다니곤 했습니다. 일편단심 자식들의 무탈함을 기원하며 의지할 곳을 찾지 못해 방황하던 엄마는 친구의 권유로 천주교에 입교했고 무척 기뻐했습니다.

6개월 정도 교리를 배우던 중, 엄마는 뚜렷한 병명도 없이 시름시름 앓기 시작했습니다. 주변 사람들은 초상집에 다녀온 뒤 귀신이 붙었다며 무당을 불러 굿을 해야 병이 낫는다고 야단들이었습니다. 하지만 엄마는 천주교 신자가 될 것이기에 절대로 그럴 수 없다고 단호하게 거부했습니다. 엄마는 3개월 정도 앓다가 마리아라는 세례명으로 대세를 받고 갑자기 하늘 나라로 떠났습니다.

막내딸로 온갖 귀여움을 독차지하던 저는 도저히 믿기지 않는 현실 앞에서 너무나 힘들었습니다. 엄마가 세상을 떠난 뒤 우연히 교리책을 보게 되었는데 책갈피 속에 성모님 상본이 들어 있었습니다. 상본 뒷면에는 요한 복음서 19장 27절 "이분이 네 어머니시다."라는 성경 말씀이 적혀 있었는데, 그 말씀이 제 가슴에 뭉클하게 와 닿았습니다.

'그렇지, 성모당에 가면 항상 성모님이 계시지.' 하고 그때부터 엄마가 보고 싶을 땐 성모당에 자주 가곤 했습니다. 되돌아보면 저는 신자는 아니었지만 엄마가 성모님께 저를 맡기신 것이라는 믿음을 갖게 되었습니다.

그리하여 저는 고1 때 교리반에 들어가 대구 계산동 주교좌 성당에서 세례를 받고 예쁜 레이스 달린 미사보를 쓰고 성모님의 진정한 딸로 다시 태어났습니다.

외롭고 힘들 땐 온화한 미소로 토닥거려 주시고 기쁠 땐 환한 미소로 저를 반겨 주시는 어머님! 예수님께 가까이 갈 수 있는 길로 인도해 주시는 어머님!

항상 어머님의 보살핌으로 지금껏 살아왔음을 고백합니다. 제가 나약함으로 비틀거릴 때 제 손을 잡아 주시고 순간순간 함께하여 주시기를 청합니다. 당신은 저의 희망, 저의 피난처이옵니다.

이 세상 끝날까지 성모님의 손을 놓지 않으려고 오늘도 어머니를 부르며 묵주 기도를 바칩니다.

어머님, 성모 마리아님! 고맙습니다. 그리고 정말정말 사랑합니다.

노귀희 소피아

집 나간 남편을 용서합니다

사랑하올 성모님!

어머님께 글을 올리는 특별한 의미와 시간을 허락해 주셔서 감사합니다. 성모님과 함께한 긴 세월을, 이 시간을 통해 부족한 글로 올립니다.

저는 성공회 마을에서 자랐습니다. 성당에 걸려 있는 십자가가 무엇인지, 아기 천사 성화가 무엇인지도 모르고 성당에서 자주 놀았습니다. 친구 집에 걸린 십자가가 부러웠고 우리 집에도 걸어 놓고 싶었습니다. 그러다가 중3 때, 어머니가 건강이 좋지 않아서 고등학교 입학을 준비하던 제가 고등학교를 포기하고 가사일을 하며 어머니를 돌보아야만 했습니다. 그때 서울에서 세례를 받고 시집간 언니가 가톨릭 기도서를 주면서 기도하라고 했습니다. 그러면서 천주교와 성공회는 신부가 결혼을 했느냐 안 했느냐 차이인데 이것이 엄청난 차이라고 했습니다.

저는 부엌에서 누구인지도 모르는 예수님, 성모님께 희망을 걸고 기도서를 읽었고, 어느새 기도문을 외웠습니다. 엄마가 병이 낫지 않자 큰언니의 권유로 부모님은 모든 재산을 정리하여 안성 천주교 교우촌으로 이사를 했고, 저는 학업을 위해 서울로 올라왔습니다.

그해 어머니는 세례를 받고 건강이라는 축복을 받았습니다. 저도 바로 세례를 받고 싶었지만 더 기다려서 스물한 살이 될 때 세례를 받았습니다.

결혼 후 IMF로 어려울 때, 사업에 실패한 남편은 빚을 청산해야 한다고 했고, 생활비를 주지 않아서인지 면목이 없어서인지 집에 자주 오지 않았습니다. 저는 남편도 모르는 비자금인 마지막 신용카드를 남편에게 주는 바람에 신용 불량자가 되었습니다. 신용 불량자였기에 직장을 구할 수 없었고, 아이들도 어려서 시간제 일을 구할 수밖에 없었습니다.

이렇게 저는 가장 어둔 밤을 맞이했지만 십자가에서 구원을 받으리라는 굳센 믿음으로 성모님께 의탁했습니다. 그렇다고 어떤 상황이 변한 것은 아니었지만 이를 극복해 나갈 수 있는 용기와 지혜를 분명히 주셨습니다. 가난했기에 세속에서 밀려오는 저항이 엄청 컸지만, 그럴 때마다 성모님은 예수님만을 바라보도록 하셨고 늘 인도해 주셨습니다.

사실 그때 저는 남편과 이혼해야겠다는 마음이 점점 커져 가던 상황이었습니다. 그러나 이혼을 원하지 않으시는 하느님 앞에 가난을 이유로 이혼한다는 것은 명분이 없음을 알고, 성모님께 도와주시길 청했습니다.

남편이 집에 오겠다고 한 것은 사순 시기였습니다. 은총의 사순 시기였지만 저는 속으로 비웃었습니다. 남편이 올라오는 주말마다 우리 집은 노숙자 냄새로 가득하여 참을 수 없었습니다. 어느 날 딸에게 우리 집에 노숙자 냄새가 나는데 너는 안 나느냐고 물으니 아무 냄새도 안 난다고 했습니다. 제가 남편을 노숙자로 취급했음을 그때 깨달았습니다.

저는 성경에서 '되찾은 아들의 비유'(루카 15,11-32 참조)에서의 아버지를 묵상하며 청했습니다. "아버지! 제가 죄를 지었습니다. 아버지처럼 맨발로 기뻐 환호하며 대문 밖까지 뛰어 남편을 안아 줄 수가 없으니 아버지의 크신 사랑을 주십시오!"라고 말입니다. 그렇지만 모든 걸 접고 빈 몸으로 돌아온 남편을 역시 안아 줄 수가 없었습니다. 진정한 화해와 용서 없이 시작할 수 없다고 보았기 때문입니다. 저는 미사 때 함께 오지 못한 것을 용서해 달라고 하며, 진정한 화해와 용서를 할 수 있도록 성모님께 전구를 청했습니다. 그런데 성모님은 집으로 돌아온 저에게 놀랍게도 우리 부부가 보따리를 모두 풀어 대화할 수 있도록 도와주셨습니다. 그리고 제가 남편에게 더 많은 상처를 주었음을 깨닫게 하셨습니다. 그리하여 우리 부부가 새로운 삶을 살도록 화해시키셨고 부활을 맞이하게 하셨습니다.

　최고의 관상가이신 성모님, 저희 집에 생명의 십자가를 모시게 하시고, 날마다 십자가를 보며 살게 해 주셔서 감사합니다. 특별히 해체 위기에 있는 많은 가정을 위하여 이 글을 봉헌합니다.

조은형 베로니카

순명하며 살다 보니
모든 것을 이끌어 주셨습니다

사랑하올 성모님, 감사합니다. 새해 첫 토요일, 부족한 제가 성모님께 감사의 글을 올립니다.

이 글을 쓰면서 지난날 저에게 베풀어 주신 성모님의 따뜻한 사랑이 저의 삶에 큰 힘이 되었음을 알게 되었습니다. 29년 전, 저는 세례 받은 지 2년도 채 안 된, 아무것도 모르는 서른세 살 때 레지오 마리애에 입단했습니다.

그런데 그해 11월, 갑자기 단장님이 저에게 단장을 하라고 하며, 레지오 마리애 단원은 성모님께 순명해야 된다고 하더군요. 그래서 아무것도 모르는 제가 단장을 하게 되었습니다.

그때 들은 '순명'이라는 말을 지금도 마음에 새기며 살려고 합니다. 제가 레지오 마리애에 입단하지 않았다면 그 많은 어려움을 어떻게 이겨 냈을까 생각해 봅니다. 성모님은 제가 가장 힘들 때 저와 항상 함께하셨습니다. 총구역장을 할 때도 저는 성모님의 도우심을 믿고 했습니다. 마흔일곱에 신축 성당 총구역장을 하라고 하는데 제가 할 수 있는 것은 아무것도 없었습니다. 어디 도망이라도 가고 싶을 정도로 두려웠습니다. 그런데 성모님께 순명하며 살다 보니 하느님이 모든 것을 이끌어 주셨습니다.

그렇게 세월이 가는 줄도 모르고 4년이 되던 해, 갑자기 남편이 건강이 좋지 않아 종합 병원에 가서 검사를 받았고, 그 결과 혈액 암 판정을 받았습니다. 3개월밖에 못 산다고 담당 교수가 말할 때 어떻게 해야 하나 병원 성당에서 소리 없이 울다가 원목 신부님을 만났습니다. 신부님은 남편에게 온 마음을 다하라고 저에게 말했고 저와 남편을 위로하며 기도해 주었습니다.

그렇게 3개월 만에 남편을 하늘나라로 보낸 후 저는 성당을 나올 용기가 없었지만, 주위에 있던 많은 형제자매들의 위로가 저에게 큰 힘이 되었습니다. 2년이 지나고 겨우 안정을 찾았을 때, 신부님이 우리 성당에 노인 대학을 개설할 것인데 저에게 맡아서 해 보라고 권했습니다.

1주일 후 그 일을 해 보겠다고 결심하던 날, 저는 사고로 큰 부상을 입었습니다. 그날 밤 저는 하느님께 울며 기도드렸습니다. "노인 대학 봉사를 하려면 건강해야 하는데 왜 이렇게 다치게 하세요?"라고 항의도 해 보았습니다. 그때 어르신들이 떠올랐습니다. 비록 몸은 다 낫지 않았지만 순명하는 자세로 봉사하기로 마음먹었고, 어르신 90명을 모시고 봉사자 7명과 함께 기쁘게 일했습니다. 어르신들과 함께하면서 어르신들이 그 어려운 시대를 견디어 낸 훌륭한 분들임을 마음 깊이 느꼈습니다.

노인 대학 2년 종강 준비를 하면서 머리가 너무 아팠습니다. 그러나 종강 후 검진을 받아 보리라 생각하며 미루고 있었습니다. 진찰해 보니 뇌혈관 꽈리가 커져 있다고 했습니다. 터지지 않은 것이 천운이라며, 빨리 입원하고 뇌 수술을 받아야 한다고 했습니다. 사망 확률 80퍼센트이고, 식물인간이 되거나 어떤 장애든 생길 수 있다는 말에 아이들에게 유언까지 하고, 모든 것을 다 내려놓았습니다. 그리고 성모님이 저와 함께 하시길 간절히 기도드리며 묵주를 손에 쥐고 수술대에 올라 편안히 수술실로 들어갔습니다. 하지만 결국 기적처럼 살아서 오늘 성모님께 감사의 글을 올립니다.

저에게는 저를 위해 간절히 기도하는 친정어머니가 있습니다. 어머니는 새벽 4시에 일어나서 기도합니다. 그런 어머니의 기도가 하늘에 닿았다고 생각합니다.

성모님의 삶은 고통과 슬픔, 아픔과 눈물이었지만, 성모님은 그 모든 것을 인류 구원을 위해 견디어 내셨습니다. 성모님의 사랑이 얼마나 크신지요? 성모님의 전구를 통한 하느님의 사랑은 세상이 주지 못하는 기쁨과 평화, 영원한 생명을 주리라 믿습니다.

성모님과 함께여서 행복합니다.

성모님, 사랑합니다. 성모님, 감사합니다. 아멘.

신영순 안나

아침저녁으로 성모님의 손을 잡고

지극히 사랑하올 어머님!

티 없으신 성심의 성모님께 저의 온 영혼과 생명을 바칩니다. 저에게 성모님은 삶에 지쳤을 때 맑디맑은 물 한 모금 건네주시는 겸손의 샘이십니다. 저는 가장 힘들고 캄캄한 고통의 순간에도 하느님을 향한 믿음의 별을 잃지 않으셨던 성모님께 의지하렵니다.

주님은 당시 초등학생인 큰아들을 통해 저를 부르셨습니다. 모든 것이 늦된 아들을 보며 심한 스트레스로 힘들 때, 제 능력으로 안 되니 무언가에 의지해야겠다는 막연한 생각에 스스로 성당을 찾게 되었습니다.

성모님께 의탁하며 모든 걱정을 내려놓고 인간적 욕심을 멀리하니 아들은 점차 좋아졌습니다. 지금 성모님께 드리는 글을 쓰면서 돌이켜 보니 모든 것이 감사하고 감사할 뿐입니다.

성모님은 저를 통해 가톨릭 신앙의 불모지였던 저희 가정을 성가정으로 만들어 주셨습니다. 보이지 않는 이끄심으로 세례를 처음 받았을 때 묵주 기도가 무엇인지, 성모 신심이 무엇인지 잘 몰랐지만 믿음 하나로 아침저녁 성모님 손을 잡고 간절히 기도드렸습니다. 떼쓰는 아이처럼 성모님이 무조건 알아서 해 주시라고 기도드렸습니다. 저는 성모님의 신심은 예수 그리스도께 나아가는 바른길이고, 성모님을 향한 신심으로 신앙의 길을 걸으면 어긋나지 않고 훨씬 즐겁고 쉽게 하느님께 나아갈 수 있음을 알게 되었습니다.

착한 어머님이신 마리아여, 저는 당신의 전구로 제가 가진 능력 이상으로 많은 은총을 하느님께 받았습니다. 당신이 저를 붙들어 주시면 저는 결코 넘어지지 않을 것입니다.

사랑하올 성모님! 저는 당신의 충실한 신앙을 닮고 싶습니다. 이제는 어떤 어려움도 감내하면서 오로지 하느님의 사랑을 전적으로 신뢰하며 그리스도와 일치하는 삶을 살겠습니다. 당신의 사랑에 힘입어 아름답게 거듭나서 주님께 찬미와 감사를 드리오니 저희 공동체를 향해서도 당신의 환한 웃음 지어 주소서. 아멘!

최미숙 가타리나

할머니, 꼭 한번 안아 드리고 싶습니다

 푸르름이 짙어지고 찌는 듯한 무더위가 기승을 부리는 젊음의 계절, 7월이 시작되었습니다. 자애로운 어머님, 용서의 어머님, 제가 당신을 모를 때부터 이미 저를 알고 계셨던 어머님께 감사의 고백을 드립니다.
 청상과부의 아들에게 시집을 간 친정 엄마는 4남매를 낳았습니다. 저는 모두가 부러워한 시골 부잣집의 셋째 딸이었지요. 그런데 당시 고부간의 갈등이 심했던 엄마와 할머니 사이에 다툼이 잦았습니다. 그런 날이면 제가 엄마를 가장 많이 닮았다는 이유로 할머니는 저를 불러 화가 풀릴 때까지 때리고 굶겼습니다. 저희 집안의 모든 권한은 할머니에게 있었고, 할머니 말은 우리 집의 법이었습니다. 다른 형제들은 할머니의 지극한 사랑을 받았지만 저는 아무리 노력해도 미운 오리였습니다.

어린 시절에는 그것이 왜 그리 억울하던지 사춘기 때에는 화병까지 생겼습니다. 어린 마음에 할머니에게 복수하고 싶은 마음도 들었습니다. 제가 결혼하고 1년 만에 할머니는 세상을 떠났지만 오래도록 용서가 되지 않았습니다. 편안히 잘 살고 있으면서도 그때 일들이 문득 떠오를 때면 치유되지 않은 마음의 상처로 많이 아팠습니다.

세례를 받고 한참 후 저는 성모님 앞에서 두서없이 제 이야기를 말씀드렸습니다. 한동안 들어만 주시던 성모님은 이제는 이 엄마의 멍들어 있는 아픔도 보라고 하시며 미소 짓고 계셨습니다. 제가 아프고 억울할 때 저보다 더 아파하며 저를 치유해 주신 성모님 앞에서 억눌려 있던 서러운 눈물을 하염없이 쏟았습니다.

가슴 아픈 상처 하나씩 없는 사람은 없겠지요.

눈물을 닦아 주고 다정하게 제 이야기를 들어 주신 사랑하는 성모님!

이제 흘러간 시간 안에서 아파하지도 울지도 않겠습니다. 고통 중에 침묵하며 강인함과 깊은 겸손과 순명으로 당신의 삶을 온전히 봉헌하신 성모님은 할머니에 대한 미움으로 가득 찼던 제 작은 마음을 움직여 할머니를 용서하게 해 주셨습니다. 이제는 청상과부로 한이 많았을 할머니를 주님 곁에서 만나면 꼭 한번 안아 드리고 싶습니다.

주님의 이끄심으로 10년간 노인 대학 봉사를 하면서 그곳에서 우리 할머니를 많이 만나 반갑게 안아 드릴 수 있어 감사했습니다. 우리 할머니 냄새가, 그 향기가 그냥 좋았습니다.

지금은 성모회에서 즐겁게 봉사하고 있습니다. 슬픔과 기쁨, 고마움을 느끼게 해 주신 하느님께 감사와 찬미, 영광과 사랑을 드립니다.

제 어린 시절은 주님의 숨은 은총이었습니다. 엄마를 닮았다는 소리가 가장 무섭고 싫었지만, 이제는 두려움 없이 당당하게 성모님을 닮은 딸이 되고 싶습니다.

성모님! 성모님이 겸손과 온전한 순명으로 주님의 사업을 도우셨듯이, 저도 주님 사업에 동참할 수 있도록 이끌어 주시고 도와주소서.

성모님! 당신을 엄마라 부를 수 있어 정말 행복합니다. 엄마, 사랑합니다.

박정애 로사

성모님의 도움으로 목표에 이르네

사랑하올 성모님!

아직은 많이 부족한 제가 이렇게 어머님 앞에서 신앙 고백을 올리게 되니 긴장되고 떨리는 마음 금할 길 없습니다. 부족한 저의 신앙 고백이, 제가 받은 성모님의 은총을 여러분과 함께 누릴 수 있는 시간이 되기를 바랍니다.

제가 처음 성당을 다니게 된 것은 개신교에 다니는 올케 때문이었습니다. 친정 언니를 따라 절에 다니던 저에게, 같은 집에 살던 올케는 귀신이 많은 종교를 믿어, 귀신 때문에 집안일이 잘 되지 않는다며 억지로 교회에 다닐 것을 권유했습니다. 매일매일 교회에 같이 가자는 올케의 성화에 오빠는 차라리 성당에 다녀 보는 것이 어떻겠냐고 했습니다. 손위 처남이 천주교 신자인데 그 사람의 모습에서 여러 가지 본받을 점이 많다고 생각했던 것 같습니다. 그래서 결국 발길이 닿은 곳이 집

근처 잠원동 성당이었습니다. 그곳에서 저는 수녀님을 만나고, 교리를 배우고, 세례를 받고 신앙생활을 시작했습니다. 수녀님은 이제 갓 신앙생활을 시작한 저에게 제일 먼저 묵주 기도를 가르쳐 주었습니다.

성경을 읽은 적도 거의 없고 하느님에 대해 아는 것도 별로 없는 저였지만, 수녀님이 시키는 대로 매일매일 묵주 기도를 열심히 바쳤습니다. 매일 같은 시간에 묵주 기도를 바치면서 묵묵히 성모님의 은총을 구했고, 성모님은 저의 소망을 다 알고 계신 듯 갓난아이 같은 저의 기도를 들어주셨습니다.

그러던 어느 날, 독실한 천주교 신자인 친구의 꿈 이야기를 듣게 되었습니다. 넓은 광장에 바위만 한 얼음덩어리가 놓여 있었는데 그 얼음 속에서 누군가가 묵주 기도를 바치는 것처럼 보이더랍니다. 성모님이 기도를 하신다고 생각했는데, 따뜻한 햇볕이 얼음덩어리를 쫙 비추면서 그 얼음덩어리가 반짝반짝 녹아내리는데 그 안에서 제가 묵주 기도를 하고 있더랍니다. 마침내 얼음이 다 녹자 제가 물이 묻은 머리를 탈탈 털고 "아이, 잘했다."라고 하면서 서 있더랍니다. 그 친구는 앞으로 저에게 좋은 일만 있을 거라며 매우 기뻐했습니다.

그래서인지 얼마 지나지 않아 저는 그토록 소망하던 내 집을 갖게 되었습니다. 그러나 무리하게 집을 마련한 탓에 딸의 대학 등록금 준비가 막막했습니다. 그때 기도 모임에서 우연히 만난 신부님을 통해 딸의 등록금을 지원받기도 했습니다.

남편이 갑작스러운 사고로 다리를 다쳐 경제 활동을 하지 못하게 되었을 때도 남편 대신 제가 경제 활동을 할 수 있게 성모님이 도와주시고 부족한 것은 채워 주심을 수시로 느낄 수 있었습니다. 왜냐하면 오래전 위암 수술을 받아 몸이 약한데도 제가 감당할 수 있는 좋은 일자리를 얻었기 때문입니다.

그러나 당시 성당 내 여러 단체에서 활동하던 제가 하느님께 봉사할 수 없게 된 것이 굉장히 안타까웠습니다. 그래도 성모님이 제 사정을 다 알고 계시니 활동을 잠시 접어 두는 것을 이해해 주시리라고 스스로 위로했습니다. 그리고 욕심 부리지 않고 딱 3년만 아프지 않고 일할 수 있게 해 달라고 기도드렸습니다. 그래서인지 3년 동안은 아프지 않고 일할 수 있었습니다. 그 후, 지병으로 앓았던 허리가 다시 아프기 시작했습니다. 정말 기도가 이루어진 것이지요. 성모님은 제가 기도하면 이런 것까지도 들어주셨습니다. 하느님은 제가 성모님과의 약속을 지키지 않을까 봐 육체적인 고통으로 깨달음을 주셨다고 믿었습니다.

하느님을 기쁘게 해 드리는 일이 진정 하느님이 원하시는 삶임을 너무나도 잘 알고 있습니다. 그래서 저는 지금 행복한 마음으로 제가 맡은 교회 일을 열심히 하려고 노력하고 있습니다.

제가 오늘 성모님께 올리는 신앙 고백은 베르나르도 성인의 말로 마무리할까 합니다.

"성모님을 따르면 길 잃지 않고, 성모님을 부르면 실망치 않네. 성모님을 생각하니 헤매지 않고, 성모님이 붙드시니 떨어질 리 없네. 성모님이 감싸면 두렵지 않고, 성모님이 이끄시면 지치지 않아, 성모님의 도움으로 목표에 이르네."

최정애 사라

제3부

오늘도 저는 성모님께 청합니다

신앙은 있는 그대로 받아들이는 것

주님께서 참으로 부활하셨나이다. 알렐루야!

이 시간 지난날을 되돌아봅니다. 중학교 시절 학교 옆 성모당에서 친구들과 함께 기도드리던 기억과 미사에 한두 번 참례했던 기억, 또 많은 시간이 흘러 30대 중반, 남편의 직장으로 인해 성모님과 인연을 맺게 되었습니다.

가톨릭 학교 재단에서 교사를 채용한다는 소식을 듣고 면접 보던 날, 신앙이 있느냐는 물음에 불교에 가깝다고 말했음에도, 비신자인 남편을 채용해 준 일이 저희 가정에 성모님이 함께하신 크나큰 은총이었습니다. 그로 인해 당신의 자녀가 되는 축복의 길을 열어 주셨지요. 저는 세례를 받고 6개월 후에 견진을 받고, 어느 자매님의 권유로 레지오 마리애에 입단, 주님 사랑에 감사했지만 신앙은 계속 성장하지 않았습니다.

주일 미사와 레지오 마리애에만 겨우 참석할 즈음, 스승의 날 체육대회 행사 중에 남편이 강하게 날아오는 공을 잘못 잡아 얼굴에 큰 부상을 입고 한 달 가까이 병원에 입원하게 되었습니다. 한쪽 눈의 실명, 받아들이기 힘든 시간이었습니다. '왜! 왜!'라는 단어가 마음에 요동쳤습니다. 그래도 한 가닥 기도의 끈은 놓지 않았습니다. 기도드리는 중에 문득 강하게 날아왔던 공이라 남편이 양쪽 눈 모두 다칠 수도 있었다는 생각이 들었고, 그때서야 다행이었다는 마음이 들었습니다. 그렇습니다. 신앙은 있는 그대로의 상태를 받아들이는 것임을 그때서야 비로소 알았습니다. 레지오 마리애를 통해 성모님이 주신 은총이었습니다.

성모님!

20년이 지났지만 어제인 듯 지금도 곱게 간직하는 꿈이 있습니다. 너무나 곱고 고운 코발트 빛깔 하늘에 다이아몬드처럼 찬란히 빛나는 보석이 천사로 변해 빛을 발하고 있었습니다. 전 너무 황홀해서 그 자리에 꿇어앉아 이 세상에 광명을 달라고 기도했습니다. 그러던 중 '이제 힐라리아를 데리고 갈려나.' 하며 들려오는 소리에 저의 삶이 끝남을 느꼈습니다. 그러나 제 마음은 전혀 동요되지 않고 오히려 너무나도 평온했던 기억이 있습니다.

두려워하지 않는 삶!

저도 성모님처럼 참된 믿음의 신앙인으로 살고 싶습니다. 저의 게으름과 무지함이 신앙의 걸림돌이 되지 않도록, 이웃을 바라볼 수 있는 넉넉한 사랑의 마음도 키워 가도록 당신의 아드님 예수님께 빌어 주소서.

훗날 주님이 부르실 때 지상에서의 날들을 잘 마무리하고 두려움 없이 우리 주님께 갈 수 있도록, 매일의 삶이 늘 부활의 날이 될 수 있도록 도와주소서.

모든 은총의 중재자이신 성모님,

사랑한다고 하면서도 제대로 사랑하지 못하는 저에게 겸손과 온유, 평화와 기쁨으로 채워진 그리고 무엇이나 담을 수 있는 쓸모 있는 그릇이 되게 도와주소서.

사랑합니다. 그리고 고맙습니다.

남순희 힐라리아

딸아, 내게 기대라

사랑하는 성모님!

성모님은 지난 세월 동안 너무나도 부족한 딸인 저를 포근한 품 안으로 감싸 안아 주셨습니다. 아무도 없는 망망한 벌판에 성모님이 계셨고, 성모님은 제 등 뒤에서 "딸아, 내게 기대라." 하셨습니다. 지켜봐 주는 누군가가 제 곁에 있다는 그 느낌은 평온함과 행복감을 주었습니다. 그렇습니다. 저는 사랑받는 딸이었습니다.

사실 제 젊은 시절은 고통과 시련의 시간들로 온통 회색빛이었고 봄은 도저히 올 것 같지 않은 잔인하게만 느껴진 때였습니다. 그렇게 고통의 사순 시기를 겪고 있었을 때, 제 마음 깊은 곳으로 부활의 환한 빛이 비추어 오기 시작한 건 아마도 성모님의 인도였나 봅니다.

아직도 22년 전 그 기억을 영화 속 장면처럼 잊을 수가 없습니다. 제가 오랜 냉담 끝에 얕은 신앙심으로 다급할 때만 주님을 불렀을 즈음이었습니다. 제가 꿈꾸던 행복한 가정은 교통사고로 한순간에 날아갔습니다. 저는 착한 남편을 잃고 암흑 같은 긴 어둠의 터널 속에 갇혀 버렸습니다.

남편을 보내고 삼오 미사 때, 저는 제 눈을 의심하며 몇 번이고 성모상을 바라보았습니다. 성모님이 슬피 울고 계신 것이었습니다. 아마도 성모님은 "내 딸아, 나도 너무 슬프단다." 하시며 저와 함께 우셨던 것이 아닐까 싶습니다. 훗날에 다시 성모상을 보았을 땐 성모님은 환하게 웃고 계셨습니다.

마냥 울음이 언어였던 그때, 성모님은 당신 군대인 레지오 마리애로 저를 이끄셨습니다. 그것을 계기로 호스피스 봉사 활동을 하게 되었고, 많은 사람들의 죽음을 지켜보면서 제 상처도 치유되어 갔습니다.

당시 열네 살 중학교 1학년이던 큰딸 마리아가 그 후 결혼하여 전 가족과 함께 미국 이민을 떠나게 되었을 때도, 저는 큰 걱정을 하지 않았습니다. 성모님이 잘 보살펴 주시리라는 믿음이 있었기 때문이지요. 이제는 그곳에서 성모님께 의탁하며 신앙생활을 하고, 성실한 남편과 두 아이와 함께 잘 살고 있는 것을 보면 얼마나 안심이 되고 감사한지요! 아홉 살이던 아들 베드로도 장성하여 예쁜 반려자를 만나 곧 가정을 이루게 됩니다. 돌아보면 아름다운 사람들 속에서 향기를 맡을 수 있었던 행복한 순간순간이었습니다.

"주님 제가 무엇이기에 이토록 사랑하십니까?"라고 제가 고백하며 주님의 현존 안에서 주님과 만나기까지, 소리 없이 저를 잡아 주고 이끌어 준 것은 성모님의 사랑이었습니다.

살다 보니 어느새 작은 기적처럼 어떤 꽃보다도 예쁜 손자들이 태어났고, 저는 평범한 하루에 행복하고 원초적인 평화를 느낍니다. 지금 이 순간에도 기쁘게 살고 있고 하느님의 선물인 신앙 안에서 감사의 기도를 바칩니다.

어머님이신 성모님!

지난 세월 동안 베풀어 주신 성모님의 사랑이 얼마나 컸는지를 떠올리며, 슬픔과 고통 중에 있는 이웃들과 함께하면서 제 작은 행위를 통해 그들에게 위로가 되고 벗이 되기를 기도합니다. 명주실 꾸러미에서 아름다운 비단을 짤 수 있을 것 같은 봄날이 오고 기쁨의 부활도 곧 맞이하겠지요.

성모님! 고맙습니다.

류경숙 아녜스

겸손을 모르던 제가 성모님께 받은 선물

성모님! 안녕하세요.

너무나 뜨거웠던 여름이 지나고 가을이 오고 있습니다. 성모님도 더우셨지요? 저는 이 가을을 맞으며 '겸손'이라는 수확을 하게 되어 진심으로 성모님께 감사드립니다.

때늦은 사춘기로 방황을 하던 20대 시절, 우연히 퇴근길에 집 주변에 있는 성당으로 갔습니다. 어두컴컴한 성당에서 제가 본 것은 성모님의 환한 얼굴이었습니다. 가로등 불빛에 비친 성모님은 참으로 편안해 보였습니다. 하루, 이틀 성모님을 뵙고 제 마음을 이야기한 후 돌아오는 길은 왠지 모를 편안함에 웃음이 절로 나왔고, 홀가분한 기분에 발걸음이 가벼워짐을 느꼈습니다. 그땐 성모님이 누구인지 전혀 몰랐습니다.

그렇게 성당을 찾아가 세례를 받고 주일이면 열심히 미사에 참례했는데 어느 날부터인가 쉬는 교우가 되었습니다. 언젠가 다시 가야지 하는 사이에 10여 년이 흘렀습니다.

그러다가 아이를 낳고 문득! 성당을 다시 나가야겠다는 생각이 들었습니다. 그 길로 백일도 채 안 된 아이를 안고 미사에 참례하고 나니 너무나 기뻤습니다.

처음으로 묵주 기도를 드리는 순간 왠지 모를 걱정이 앞서며 신앙생활을 잘할 수 있을지 부담감이 느껴졌습니다. 하지만 그때도 성모님은 저와 함께하셨고 이렇게 성모님께 글을 드릴 수 있는 시간도 제게 주셨습니다.

어느 날 아이가 심한 열 감기에 걸려 병원에 다녀왔지만, 저녁이면 다시 오르는 열 때문에 잠을 이룰 수 없었습니다. 새벽에 묵주 기도를 드리려고 깨어 보니 제 손에 묵주가 없었습니다. 그러다가 아침이 되었고 아이의 열은 완전히 내려 아이는 편안하게 자고 있었습니다. 베개를 다시 베어 주려고 아이를 잠깐 드는 순간, 등 쪽에 놓여 있는 묵주를 발견했습니다. 저는 너무 놀라 저절로 "감사합니다, 성모님."이라고 했습니다.

그때 처음으로 깨달았습니다. 성모님이 항상 제 곁에 계시고 저를 지켜 주신다는 것을 말입니다. 3년이 지난 지금 생각해도 신기하고 그때의 감사함을 말로 다 표현할 방법이 없습니다. 이 일을 계기로 저는 묵주 기도를 열심히 하게 되었습니다.

얼마 전에 다섯 살 된 아이가 맹장 수술을 하게 되었습니다. 간단하다고 하던 수술이 두 시간이 넘어도 소식이 없자 전 갑자기 불안해지며 원망을 했습니다.

"그동안 뭐든 열심히 했는데……. 왜 제게 이런 고통을 주시나요?"

세 시간 가까이 되자 묵주 기도도 뭐도 필요 없다는 생각까지 들었습니다. 얼마 후 수술이 끝난 아이의 얼굴을 보자 언제 그랬냐는 듯 다시 한 번 감사의 기도가 절로 나왔습니다. 잠시 동안이었지만 간사했던 제 마음이 얼마나 부끄럽고 죄송했는지 모릅니다.

10여 일 동안 병원 생활을 하며 저는 제 자신을 다시 되돌아보고 마음속 깊이 기도드렸습니다.

"제 자신의 아픔과 더불어 주위의 아픔도 돌아보고, 다른 사람에게 위로의 말 한마디라도 해 줄 수 있는 그런 마음을 주세요. 제가 기쁘고 행복할 때도, 슬픔에 빠져 너무나 힘이 들 때도 항상 기도하게 해 주시고, 성모님의 옷자락 끝이라도 꼭 잡고 절대 놓지 않도록 도와주세요."

아이의 건강이 회복될 때쯤, 저는 1년 전에 있었던 불미스러운 사건으로 재판을 받게 되었습니다.

'그 당시 겸손하지 못했던 몇 마디의 말이 이렇게 큰 벌로 되돌아오나요?'라고 생각했지만 지금의 저는 잘 알고 있습니다.

제 생각이 모두 옳고 저의 잣대로 남을 판단하고, 보이는 걸로만 이야기하는, 겸손을 모르는 제게 제대로 된 겸손을 알려 주시고 앞으로도 그렇게 살아야 한다고 말씀하심을 저는 느낍니다.

보이는 것이 전부가 아님을 깨닫게 해 주고 진정한 겸손이 무엇인지 제게 다시 한 번 알려 주며 손을 잡아 주신 성모님께 깊이 감사드립니다.

"보이는 것은 잠시뿐이지만 보이지 않는 것은 영원합니다." (2코린 4,18)라는 바오로 사도의 말처럼 늘 성모님이 제 곁에서 지켜보신다고 생각하며 성실히 살겠습니다.

올해는 겸손이란 선물을 주셨고 내년에는 성가정을 선물로 주셨으면 하는 바람입니다. 아직은 부족한 저이지만 늘 깨어 있으며 성모님의 자녀로서 부끄러움 없는 삶을 살고 싶습니다.

도와주세요, 성모님!

어머님! 사랑합니다. 아멘.

유재선 베로니카

아들을 가슴에 묻은 어머니를 위해

어머님! "이분이 네 어머니시다." 하신 예수님의 말씀이 귀를 울립니다. 저는 영광스러운 모습보다 가슴이 칼에 꿰찔린 듯한 아픔을 겪으신 성모님, 십자가의 죽음을 당한 예수님을 안고 계신 고통의 성모님을 더 자주 떠올립니다.

20대 젊은 시절에 안식일 교회, 장로 교회, 순복음 교회의 맛을 본 저는 30대 초에 입문한 가톨릭교회의 성모 공경이 무척 거북했습니다. 묵주 기도를 바칠 때 '주님의 기도'는 한 번만 하고 '성모송'은 열 번이나 하는 것은 더욱 거슬렸습니다. 이제 가톨릭교회에 들어온 지 31년, 조금씩 성경을 접하고 성모님의 생애를 묵상하면서 진정으로 전구를 청하는 자신을 종종 보게 됩니다. 그리고 이제는 주님을 믿는다고 하면서 성모님을 공경하지 않는 사람들을 도무지 이해할 수 없게 되었습니다.

못난 자식이 드리는 것 없이 항상 어머니에게 매달리며 청하듯이 오늘도 성모님께 청을 드립니다. 10년 전 저세상으로 간 제 어머니 마르타를 위해 주님께 전구해 주시기를 간절히 청합니다. 중농의 막내딸로 큰 어려움 없이 자란 어머니는 열아홉 어린 나이에 땅 한 평 없는 농부의 집으로 시집을 왔습니다. 소학교 4년이 학력의 전부인 아버지는 독학으로 교사가 되었습니다. 참으로 성실하고 부지런해서 산꼭대기에 혼자 버려 두어도 살 것이라는 말을 듣던 아버지였는데, 징용에 끌려갔다 온 이후 열심히 술을 마시는 사람으로 바뀌었습니다.

그러나 어머니의 진짜 고단한 삶은 서른다섯 때부터 시작되었습니다. 초등학교를 수석 졸업하고 좋은 중학교에 다니던 큰형이 중학교 2학년 늦은 밤까지 공부하다가 발작을 일으키며 쓰러졌습니다. 큰형은 그 후 날씨가 청명한 날이면 종종 발작을 하곤 했고, 우리 가족 모두에게 그것은 크나큰 공포였습니다. 그때부터 어머니는 큰형의 병을 고쳐 보려고 용하다는 곳이면 어디든 찾아가고, 몸에 좋다는 것은 아무리 궂은일이라도 기꺼이 했습니다. 그때 큰형은 마음을 잡지 못하고 자주 싸우고 다녀서 고등학교 때 퇴학을 당하고 말았습니다. 어머니와 아버지는 형에게 폭행당한 아이들 부모의 항의에 시달리고 종종 합의해 달라며 그 집에 쫓아가 빌곤 했습니다. 어려서 촉망받던 아들이 모진 병에 걸리고 매일 사람을 패고 다니니 어머니의 마음고생은 이만저만이 아니었고, 그 때문인지 항상 속병에 시달리고 몸은 바싹 말라 있었습니다.

마침내 할아버지는 그놈은 사람 구실을 못한다, 이러다가 동생들까지 죽이겠다며 손자를 내쫓으라고 했고 삼촌도 그게 좋겠다고 했습니다. 어머니는 다른 건 다 따르더라도 그것만은 못한다고 대들었다고 합니다. 큰형이 40대 중반에 갑자기 운명할 때까지 30년 세월을 어머니는 아들을 포기하지 않고 병을 고치기 위해 온갖 노력을 다했습니다. 형이 세상을 떠난 후 어머니는 16년 동안 매일같이 큰형의 무덤을 바라보며 불쌍한 마음에 가슴 아파하면서 눈물을 흘렸습니다.

그런데 나머지 5남매를 건사하는 일도 보통 일이 아니었습니다. 물려줄 재산이 없으니 어떻게든 공부시켜야 먹고살 수 있다며 없는 형편에 5남매 모두를 학교에 밀어 넣었습니다. 종종 학교 갈 시내버스 차비를 빌리기 위해 온 동네를 다녔고, 비가 오면 자식들이 쓰고 갈 우산을 빌리러 다녔습니다.

이제 어머니가 이 세상을 떠난 지 10년, 제 어머니가 살아 있는 동안의 고난을 돌아보시고 주님께 전구해 주시기를 성모님께 간절히 청합니다. 아울러 병고에 시달리는 수많은 사람들, 병들거나 장애를 지닌 자식을 둔 많은 어머니들을 기억하시고 주님께 전구해 주시기를 청합니다.

   그리고 저도 그들을 위해 열심히 기도할 수 있도록 깨어 있게 해 주시기를 청합니다.

김보영 아우구스티노

콩나물이 자라듯 커 가는 신앙

찬미 예수님!

요즈음 저는 직장에서나 친구들을 만나는 자리에서 하느님을 믿으라는 말을 자주 합니다. 때때로 타종교를 믿는 사람들이 가톨릭을 부정하거나 나쁜 쪽으로 몰고 갈 때에는 몹시 흥분하기도 합니다. 그러나 집으로 돌아오면 곧 후회를 합니다. 하느님의 일을 한다면서 하느님에 관해 얼마나 무지한지 스스로도 잘 알고 있기 때문입니다. 부모의 사랑을 받으면서도 그것을 당연지사로 받아들이는 철없는 자식 같은 모습에 때론 부끄럽기까지 합니다.

20여 년 전 어느 날, 저는 레지오 마리애 단원의 방문을 받았습니다. 그들은 자신들의 방문이 하느님의 뜻이라며 하느님의 초대에 응하라고 권했습니다. 그 무렵은 제 마음이 몹시 어지러울 때였습니다. 중학교 시절에 어머니가 하늘나라로 떠나고, 큰형의 죽음에 이어 어머니 몫까지 하던 아버지마저 저세상으로 떠난 후라, 처자식의 위로도 직장 생활의 분주함도 큰 힘이 되지 못했습니다.

하느님의 부르심이라는 말이 와 닿지는 않았지만 집사람의 권유와 레지오 마리애 단원들의 관심 속에서 세례를 받았습니다. 그리고 정신을 차리기도 전에 레지오 마리애에 입단한 지 올해로 꼭 20년이 되었습니다. 신앙도 공부하는 학생과 같이 커 나가는 것인가 봅니다. 가톨릭 신자라고 밝히는 것도 멋쩍어하던 제가 이제는 레지오 마리애 단원들과 활동하고 구역 형제들과 친교를 나누면서 당당하게 십자 성호를 긋게 되었습니다.

그 무렵, 제가 큰 교통사고를 당하게 되었습니다. 좌회전을 하던 제 차가 직진하여 달려오던 차에 부딪히며 멈추었는데 뒤에 오던 차에 다시 한 번 제 차의 운전석을 부딪힌 것입니다. '사람들이 이렇게들 죽는구나.'라는 생각이 들던 차에 저도 모르게 하느님을 찾게 되었습니다. 정신을 차리고 주변을 둘러보니 차는 만신창이가 되어 있었지만 저는 손끝 하나 다치지 않았습니다. 그때의 감사함은 두고두고 잊히지 않습니다.

저는 좀 늦된 사람인 것 같습니다. 남들은 세례를 받으면서 하느님의 사랑과 은총에 감사함으로 눈물까지 흘리던데, 저는 무덤덤했고 오히려 축하해 주는 많은 사람과 선물에 당황스러울 정도였습니다. 하느님이 육적인 부모를 잃은 저에게 새로운 부모, 특히 성모님을 어머니로 주시려고 초대하셨다는 것을 그때는 미처 깨닫지 못했습니다. 하지만 콩나물을 기르는 분들이라면 콩에 물을 주면 물은 아래로 다 빠져도 어느새 튼실한 콩나물이 자라고 있음을 알듯이, 저도 주위에서 주는 물을 받아먹으며 조금씩 크고 있었던 것입니다.

레지오 마리애를 비롯해 형제회, 꾸르실료, 성경 공부, 각종 피정으로 제 신앙도 많이 성장했나 봅니다. 아파트에서 자주 만나는 사람에게 성당에 나가 보자며 몇 달을 설득한 끝에 입교시키고 세례와 견진 대부로, 이제는 혼인 갱신식의 동기로 좋은 만남을 유지하는 형제를 생각하면 마음이 흐뭇합니다. 지금은 서로 본당이 다르지만 하느님의 일을 하며 행복했던 시절을 떠올리고 성지 순례로까지 만남을 계속 이어 가는 형제자매들을 생각하면 신앙 여정의 동지들이라는 느낌이 듭니다.

저는 직장에서나 개인적인 어려움을 마주할 때면 주님을 찾고, 성모님께 저를 위해 기도해 달라고 떼를 씁니다. 그리고 신부님이나 수녀님, 제 주위의 형제자매, 가족들의 이야기에 귀 기울여 듣습니다. 그 안에 하느님이 들려주시는 지혜를 얻을 수 있기 때문입니다. 이제는 성경도 열심히 읽어서 하느님의 말씀을 잘 알아들을 수 있도록 하겠습니다. 또한 하느님의 일을 열심히 하는 것도 중요하지만, 무엇보다 하느님을 진정으로 사랑하는 저 베네딕토가 되도록 노력하겠습니다.

이종칠 베네딕토

성모님의 따뜻한 사랑을 전달하는 심부름꾼

성모님,

성모님께 글을 올리려고 하면서 지난 시간을 되돌아보게 되었습니다. 그러자 그동안 잊고 지낸 일들이 떠올랐습니다.

30여 년 전 세례를 받기 위해 교리 공부를 하던 중에 남편에게서 위암이 발견되어 남편은 병원에 입원하게 되었고, 저는 교리를 중단해야 할 상황이 되었습니다. 이 소식을 들은 신부님과 수녀님이 병원으로 찾아와 남편과 저를 위해 기도해 주었습니다. 수술 전날에는 두 분이 와서 남편에게 먼저 대세를 주었습니다. 그때의 감사함은 이루 말할 수 없었습니다.

저는 남편만 살려 주신다면 주님을 모르고 세상의 어두운 곳에 살고 있는 사람들을 위해 봉사하는 삶을 살겠다고 주님께 간절히 기도를 드렸습니다. 결국 남편은 무사히 퇴원했고 저도 교리를 마친 후 세례를 받고 바로 레지오 마리애에 입단했습니다.

저는 주님께 받은 사랑을 보답하기 위해 사형수 면담 봉사를 하게 되었습니다. 매주 담당 수녀님과 함께 음식을 마련해서 사형수를 만나 대접하고 그 가족을 돌보는 일이었지요. 어려운 환경에서 생활하는 그들의 가정에 힘이 되고 싶었고, 그 결과 많은 가족이 입교하게 되었습니다.

그로부터 20년 후, 남편에게서 다시 암이 발견되었는데 이번에는 혈액 암이었습니다. 처음에는 치료가 잘 되었는데 다시 재발하여 조혈모 이식을 하게 되었습니다. 그 시기는 지금의 아파트로 이사 온 지 얼마되지 않아 바쁘다는 핑계로 레지오 마리애 활동을 미루고 있었을 때였습니다.

그런데 남편이 입원한 날부터 레지오 단원들과 반원들이 매일 아침 우리 집에 와서 54일 동안 하는 묵주의 9일 기도를 바쳤습니다. 청원의 기도가 끝날 무렵 남편이 세상을 떠났습니다. 그 뒤로 묵주 기도를 연도로 바꿔서 매일 아침 두 딸과 교우들이 모여서 함께 기도했습니다.

그로부터 한 달 만에 중환자실에 입원해 있던 시아버지가 하늘나라로 떠났는데, 이번에도 성당 교우들의 기도와 보살핌을 많이 받았습니다. 남편을 먼저 보내고, 연이어 큰일을 치르면서도 제가 씩씩하게 버틸 수 있었던 것은 가까이에서 저를 지켜 준 교우들의 사랑과 기도의 힘 덕택이었습니다.

지금도 레지오 마리애 공인 교본에서 '모든 은총의 중재자이신 성모 마리아'를 읽을 때면 가슴이 따뜻해집니다. 인생에서 제일 힘들고 어려웠던 시기에 성모님은 군대를 보내어 저를 돌보아 주셨습니다. 함께 있어 주는 것만으로도 위로가 되고 힘이 되었던 고마운 이웃들입니다. 지금 생각하면 한 달에 한 번 모이기도 쉽지 않은 일인데 어떻게 매일 모일 수 있었는지, 이웃에게 너무나 큰 사랑의 빚을 진 것 같습니다.

제가 지금 레지오 활동을 하는 것은 그때 받은 위로와 사랑에 대한 보답이기도 합니다. 힘들고 어려운 일을 겪고 있는 이웃에게 저도 성모님의 따뜻한 사랑을 전달하는 심부름꾼이 되고 싶습니다.

성모님, 저를 레지오 단원으로 불러 주셔서 감사합니다. 남편을 살리기 위해서 주님께 드렸던 약속이 이제는 저를 살리고 있습니다. 성모님께 의탁하면서 남은 시간도 어머님의 충실한 군사로 살아갈 수 있게 해 주시기를 청합니다.

성모님, 감사합니다.

최정순 마리나

주님의 종이오니 그대로 제게 이루어지소서

천상의 어머님이신 성모 마리아님!
당신의 미소처럼 환한 햇살 아래
생명의 활기가 대지를 가득히 채운 아름다운 5월에
사랑하는 가족과 세상의 모든 어머니들
그리고 병상에 계신 저의 어머니 세실리아를
당신께 봉헌하며 이 글을 올립니다.

주님의 종이오니 그대로 제게 이루어지소서.
어머니, 당신은 그리움입니다.
어머니, 당신은 사랑입니다.
삭풍에 온몸을 내어 맡긴 앙상한 가지는
새봄, 새 희망의 싹을 가슴에 품고 있는데
당신의 겨울은 새 하늘, 새 땅을 향한

강건한 날개를 준비하고 있는 것입니까?

'나 어떡하지, 나 불쌍해서 어떡하지?'
메마른 육신을 타인의 손에 맡기고 누워 지내야만 하는
이승의 삶이 무거워 걱정이 많으신 당신에게
회생의 말 한마디
속 시원히 전할 수 없음에 가슴이 미어집니다.

날로 푸르러 가는 나무가
고단한 날개를 접은 새들의 안식처가 되듯
날로 야위어 가는 당신은 가녀린 눈빛 하나만으로도
험한 세상을 살아가는 자녀들의 보금자리입니다.

낡은 육신의 옷을 훌훌 벗어 버리고
천상 복락의 길에 들어서서 주님 품에 안기는 날까지
은총과 사랑 안에 머물며
기쁨과 감사의 날을 사시길 기도합니다.

은총이 가득하신 마리아! 여인 중에 가장 복되신 분,

칼에 꿰찔리는 듯한 고통을 겪으시며
예수님과 함께 고난의 길을 걸으신 어머님!
당신은, 성자를 잉태하신 순간부터
죽음을 감수해야 하는 놀라움과 두려움 속에서도
굳은 믿음과 순명을 실천하셨습니다.

카나 혼인 잔칫날,
무엇이든지 그가 시키는 대로 하라고 하셨지요?
당신은 저희를 예수님께로 안전하게 인도하시는 분,
그리스도께서 당신을 통해 세상에 오셨듯이
저희도 당신을 통해 주님께 다가가고자 합니다.

십자가에서 내려진 당신 아들의 주검을
두 팔로 감싸 안으신 어머님,
영혼이 찢기는 이승의 고통을 이겨 내시고
천상 영광을 받으신 이여.

세상의 아픔 속에서 신음하는 자녀들이
어머님 치맛자락을 붙들고 매달려

당신 품에 안기려 합니다.
저희의 중재자이며 변호자이신 어머니,
저희를 이끌어 당신 사랑의 그늘에 깃들게 하소서.
주님의 작은 부르심에도 귀 기울이며
주님의 뜻을 따르고 깨닫게 하소서.

신앙의 모범이신 당신 삶의 표양을 따라
늘 기도하게 하소서.
주님의 종이오니, 그대로 제게 이루어지소서.

한영순 젬마

오늘도 저는 성모님께 청합니다

　저의 모후, 저의 어머님이시여, 저는 오직 당신의 것이오며 제가 가진 모든 것이 당신의 것이옵니다.
　오늘 저는 이렇게 봉헌문을 바치며 어머님을 생각합니다. 그러나 저의 어머님이라고 부르는 이 순간에도 당신은 제게 아직도 어려운 분이십니다. 47년을 당신의 딸로 살고 있는데도 말입니다.
　어린 시절, 저의 엄마는 늘 바쁘고 무뚝뚝하고 무서웠습니다. 엄마는 가난한 집에 시집 와서 시부모와 시동생들을 모시고 거기에 또 아이 다섯을 키우며 집안일과 농사일에 하루도 편할 날이 없었습니다. 그 집안에서 맏이도 아니고 아들도 아닌 저는 있는 듯 없는 듯 가끔은 보이지 않아도 모르는 그런 딸이었습니다. 밖에서는 씩씩하다가도 집에만 오면 조용하고 한 번도 떼를 쓴 적 없는 착한 아이라 칭찬받으면서도, 다리

밑에서 주워 왔다는 농담이 진짜인 것만 같아서 열 번이면 열 번 언제나 울어 버리는 그런 아이였습니다.

그래서였을까요? 인자하고 사랑이 넘치는 성모님은 상상하기 어려웠고 제게는 너무 멀리 계신 분처럼 생각되었습니다. 시간이 지나 제가 엄마를 부르는 것보다 엄마로 불리는 횟수가 더 많아지고, 며느리로, 아내로, 엄마로 너무나 열심히 살아온 엄마를 이해하게 된 다음에도 성모님을 생각하는 제 마음은 투정 부리는 사춘기 아이처럼 성장하지 못했습니다.

저는 요즘 성모님을 참 많이 생각합니다. 성모님의 삶을 헤아려 보고 묵상하면서 일상의 삶에서 흩어졌던 마음들을 모아 가까이 다가가려 합니다. 돌이켜 생각해 보면 저의 엄마는 제게 가장 행복한 길을 알려 주셨습니다. 그래서 저도 가장 행복한 길을 선택한 사람이 되었습니다. 어렸을 적부터 주일학교에서 놀았고 매해 계절마다 캠프와 피정을 통해 다른 사람들과 함께하는 법을 배웠습니다. 그렇게 많은 추억을 간직한 채로 자연스럽게 예수님 곁에 머무르며 지금까지 살아왔다는 것을 깨닫습니다. 또한 저의 삶 순간순간에 부족한 저의 손을 잡아 이끄시는 어머님이 계심을 이제 겨우 알게 되었습니다.

모든 사람을 자녀로 맞아들이시는 너그러우신 성모님!

부족하지만 오늘도 저는 당신을 또 생각합니다. 그리고 청합니다. 하느님께로 향하는 이 여정에 늘 저희 가족과 함께해 주십시오.

오늘 이 시간 제 마음을 온전히 어머님께 봉헌합니다.

서수정 세레나

참뜻도 모르면서 바친 9일 기도

새해, 아기 예수님과 복되신 성모님을 모시고 시작한 오늘, 성모님이 베푸신 크신 사랑에 감사드리며 이 글을 올립니다.

제 안에서의 진정한 복음의 시작은 성모님을 통해서였습니다. 난산으로 큰아이가 신체에 장애를 지니게 되었을 때, 제 눈앞은 캄캄했습니다. 죄책감이 밀려들고 무슨 잘못을 저질렀기에 나에게 이런 일이 닥치나 하는 생각이 들었습니다. 제 삶은 어둠이었습니다. 그러나 그것이 지독히도 완고하고 고집스러운 저를 구원하고자 하신 하느님의 사랑이었음을 뒤늦게 성경 공부를 하면서 깨닫게 되었습니다. 하느님의 사랑은 제가 전혀 생각지도 않던 방법으로 시작되었습니다.

어느 날, 시누이 방에 있던 작은 책 하나가 눈에 들어왔습니다. 푸른 망토를 두른 아름다운 여인이 표지로 있는 9일 기도책이었습니다. 예수님께만 매달리던 저에게 예수님은 참된 신앙의 본보기로 성모님을 알려 주셨습니다. 개신교 교회에 다니던 저는 성모님을 모셔 놓은 성당을 좋게 보지 않았습니다. 그런데 저는 마치 지푸라기라도 잡듯이 9일 기도의 참뜻도 모르면서 책에 쓰인 대로 혼자 몰래 기도를 바치기 시작해 54일을 마쳤습니다. "어둠 속에 앉아 있는 백성이 큰 빛을 보았다." (마태 4,16)라는 성경 말씀대로 저는 성모님을 통하여 그 큰 빛인 구원자 예수님을 보게 된 것입니다. 어머님은 묵주 기도를 통해 예수님의 구원의 신비를 깨닫게 하셨고 성경 말씀과 성체 성사의 풍요로움으로 영적 생명을 키워 주셨습니다.

또한 성모님은 제 안에 하느님께로 나아가는 큰길을 뚫어 주셨습니다. 그리고 제 아이가 육체적 장애는 지녔지만 하느님의 사랑으로 가득 채워서 저의 가정에 보내 주신 은총의 보물단지임을 알게 해 주셨지요. "기적을 보아야 믿는 것이 아니라 믿으니까 그 기적이 보였습니다."

"하느님께는 불가능이 없다."라는 가브리엘 천사의 말에 "보십시오, 저는 주님의 종입니다. 말씀하신 대로 저에게 이루어지기를 바랍니다."(루카 1,38)라고 응답한 그 큰 믿음과 순종을, 카나의 혼인 잔치에서 일꾼들에게 "무엇이든지 그가 시키는 대로 하여라."(요한 2,5) 하신 말씀을 통해 참된 신앙인의 자세는 아들 예수님이 시키는 대로 하는 것임을 제게 알려 주셨습니다. 어머님은 고통 그 너머에 숨어 있는 하느님의 사랑을 보는 눈을 뜨게 하시며 예수님께 저를 이끄시어 영원한 생명의 길로 인도해 주십니다.

하느님과 예수님에 대한 무한한 신뢰와 믿음으로 순종하고 사랑하심을, 또 하느님과 예수님이 사랑하시는 모든 사람에게 베푸신 섬세하고 자애로우시며 온유하고 겸손하신 삶을 저는 따르겠습니다. 거룩하고 복되신 성모님을 본받아 어떠한 상황에 놓이더라도 곰곰이 생각하며, 하느님과 이웃을 사랑하고 기쁘고 감사한 신앙인의 삶을 주님이 허락하신다면 올 한 해도 수놓아 가겠습니다.

천주의 성모 마리아님, 저희를 위하여 빌어 주소서.

원죄 없이 거룩하신 성모 마리아님, 저희를 위하여 빌어 주소서.

하늘의 문이신 복되신 성모 마리아님, 저희를 위하여 빌어 주소서.

영원한 도움의 성모 마리아님, 저희를 위하여 빌어 주소서.

권회련 요셉피나

그리스도의 향기를 내는 신앙인이 되기를

성모 어머님!

제가 결혼하고 그 이듬해 교리를 받던 중 지병에 시달리던 시어머니가 다시는 돌아올 수 없는 길을 떠났습니다. 저는 교우들의 도움을 받아 천주교 공원 묘지에 시어머니를 안장할 수 있었습니다.

저는 세례를 받았으나 아이를 낳아 키우며 사는 것에 쫓겨 세례를 받았다는 것조차 잊고 냉담을 하게 되었습니다. 그러고는 참으로 오랜 세월 동안 비신자 아닌 비신자로 살았습니다. 많은 시간이 흘렀고 저는 사당3동으로 이사했습니다. 냉담을 하던 저는 레지오 마리애 단원들의 방문도 거절하면서 좀처럼 마음을 열지 못하고 있었습니다. 그러던 어느 날, 시아버지의 병환이 깊어지면서 며느리로서 감당하기 힘든 마음의 짐이 생겼습니다. 시어머니 묘 옆에 시아버지의 묘를 준비해

두었는데, 세례를 받지 않으면 안장할 수 없다는 것이었습니다. 저는 냉담을 하고 있었고 시아버지는 세례도 받지 않았기에 눈앞이 캄캄했습니다.

저는 늘 성당에 나가지 않는 것에 대한 걱정만 하고 있었습니다. 그러던 중 다행히 시아버지가 병원에서 대세를 받고 임종했습니다. 그런데 이번에는 장례 미사를 할 수 없는 어려움에 놓이게 되었습니다. 본당에서는 장례 미사는 안 된다고 했고, 병원 원목 수녀님도 장례 미사를 할 수 없다고 했습니다. 그러나 저는 그때 주님의 역사가 우리와 함께 이루어지고 있음을 알게 되었습니다.

병원 사목 신부님이 장례 미사를 해 주겠다고 했습니다. 본당 구역 레지오 마리애에서도 방문해 주고 본당 교우들이 참석해 주어 장례 미사를 할 수 있었습니다. 이를 계기로 남편과 큰아들이 교리 공부를 했고 저도 꼬박 6개월을 함께 공부를 했습니다. 남편과 큰아들이 세례를 받았고, 많은 분들의 축하를 받으며 견진도 함께 받는 기쁨을 누렸습니다.

가족 중 작은아들만 세례를 받지 않고 있었습니다. 세례를 받지 않겠다던 작은아들이 군대에 입대한 어느 날, 전화가 왔습니다.

"엄마, 나 오늘 성당 갔었다. 간식도 조금 주던데, 다음엔 교회에 가 봐야지."

"그래."

며칠 뒤 작은아들에게서 다시 전화가 왔습니다.

"엄마, 나 오늘 교회 갔었어. 간식 많이 주던데, 다음엔 절에 가 봐야지."

"응, 그래."

전화를 끊고 겁 많은 아이가 그래도 잘 적응하고 있는 것 같아 안심이 되었습니다. 그러다가 또 얼마 뒤 아들한테 전화가 왔습니다.

"엄마, 나 세례받았어. 세례명은 신부님이 생일에 맞춰 '스테파노'로 하라고 해서 그렇게 했어."

"잘했어, 잘했어."

그렇게 전화를 끊고 생각하니 너무 기쁘고 감사했습니다. 축하 꽃다발 하나 줄 수 없는 현실에 마음 아팠지만 그래도 기뻤습니다.

지금 아들은 비신자처럼 살고 있지만 언젠가 주님 곁에서 그리스도의 향기를 내는 신앙인이 되어 성모님과 함께 자비하신 주님께 기도하며 살게 되리라 믿습니다.

저는 본당에서 봉사를 하면서 신앙이 조금씩 커져 간다는 생각이 듭니다. 때로는 나도 모르게 상처도 주고, 상처를 받는 일도 있겠지만 좋은 모습으로 봐 주는 이웃들이 세례를 받고 냉담을 풀면서 성당에 나오고, 그러한 이들이 점점 많아지는 것을 봅니다. 때때로 어려울 때도 있고, 고비도 있었지만 그때마다 주님과 저 사이에서 성모님이 제 손을 잡고 주님 앞으로 이끄신다는 것을 느낄 수 있었습니다. 이제 저는 전지전능하신 분의 어머니이며 저의 어머님이신 성모님의 굳건한 믿음과 자비하심도 배우겠습니다.

저희 가족의 건강과 평화를 주시는 주님 곁에 성모님과 함께 기도할 수 있어 행복합니다.

김미영 엘리사벳

제4부

성모님은 저의
엄마, 어머님이십니다

점차 하늘을 만나는 아기새처럼

신록의 계절 5월, 오늘은 성모의 밤입니다. 성모님의 믿음과 겸덕을 본받고 사랑을 실천하기 위하여 성모님께 봉헌하는 마음으로 이 자리에 섰습니다.

성모님의 기도를 통하여 저희 모두에게 은총을 내려 주시는 하느님은 찬미와 영광을 받으소서.

저는 신혼 초 연희동 성당 옆에 살았습니다. 어느 날 딸을 데리고 놀이터에 나가서 노는데, 성당의 종소리가 "땡땡땡" 울려 퍼졌고 동네 할머니가 그 종소리에 맞춰 십자 성호를 긋고 기도드리는 모습을 보았습니다. 저는 그 모습이 참으로 좋아 보였고 성당 종소리가 남달리 정겹게 느껴졌습니다. 할머니는 저에게 성당 종소리가 하루에 세 번 울릴 때마다 삼종 기도를 바친다고 설명해 주면서 성당에 같이 가 보자고 했습니다. 그렇게 저는 동네 할머니의 손에 이끌려 교리를 배우고 세례를 받았습니다.

   세례 후 소공동체 모임에 참석하면서 저의 신앙생활이 시작되었는데, 처음에는 성모님에 대한 신심이 쉽사리 생기지 않았습니다. 주님의 어머니이니까 막연히 공경하는 마음만 가지고 형식적으로 신심 활동을 했습니다. 그러다가 레지오 마리애 활동을 하면서부터 점차 처음 하늘을 만나는 아기새처럼 저도 하느님을 통하여 성모님을 만나게 되었고 어머님의 사랑을 깨달을 수 있었습니다.

   저희에게 은총을 주시는 분은 성령이시지만 은총을 중재해 주시는 분은 성모님이시고, 성모님이 "주님의 종이오니 그대로 제게 이루어지소서." 하면서 겸손하게 순명하셨기에 인류의 구원 사업을 하실 수 있었다는 것도 알게 되었습니다. 저의 신앙생활은 평탄하면서 즐거웠습니다.

   그러던 어느 날 저에게 시련의 시기가 찾아왔습니다. 저희 가족 모두 세례를 받아 단란하게 살던 중에 남편이 하던 사업이 IMF로 인해 한순간에 무너졌습니다. 설상가상으로 남편이 급성 심근 경색증으로 한밤중에 응급실에 실려갔고, 시간이 조금만 늦었어도 큰일 날 뻔했다는 의사의 말을 듣게 되었습니다. 남편이 큰 수술을 하면서 사경을 헤매고 있었을 때,

저는 성모님께 의지하고 매달리면서 당신 아드님께 전구하여 주시라고 간곡히 기도드렸습니다. 제 남편을 살려 주신다면 열심히 봉사하면서 주님 뜻에 따라 살겠다고 다짐을 또 다짐을 했습니다.

시간이 얼마 지나지 않아 하느님의 은총과 성모님의 도우심으로 의사도 놀랄 만큼 남편의 건강이 금방 호전되었습니다. 남편은 다시 사회생활을 할 수 있게 되었고 무너졌던 사업도 조금씩 회복되었습니다. 돌이켜 보면 성모님이 제 손을 잡아 주셨기에 나약한 제가 꿋꿋하게 견딜 수 있었던 것 같습니다.

하느님의 은총과 성모님의 기도로 저에게 성당에서 봉사할 수 있는 기회가 주어짐에 진심으로 감사드립니다.

지극히 사랑하올 성모님! 당신은 원죄 없이 잉태되시는 순간 그리스도의 공로로 구원받으신 성부의 딸이 되셨습니다. 늘 부족한 저희와 함께 기도하며 수난받으시는 어머님, 저는 비록 당신을 모시기에 합당하지 않사오나 당신을 어머님으로 모시고 "이제와 저희 죽을 때에 저희 죄인을 위하여 빌어 주소서."라고 간곡히 청합니다.

성모님, 영원히 당신을 사랑합니다.

김태이 데레사

희망 주신 성모님, 감사합니다

 찬바람이 불던 초겨울, 20여 년 동안 살아온 고향 같은 사당동을 떠나 이사를 가게 되었습니다. 이웃에 살던 자매가 시골 가서 어떻게 사느냐고 걱정하면서 눈물을 글썽거렸고, 손을 꼭 잡아 주었습니다. 그때 저는 성모님과 함께라면 어디라도 갈 수 있다고 생각했습니다.
 이윽고 저는 오른팔에는 십자가를, 왼팔에는 성모상을 안고 가평을 향했습니다. 이삿짐을 정리하고 성당에 가서 인사를 드렸고, 수녀님과 레지오 마리애 단장님이 저희 집을 방문했습니다. 그 후 레지오 마리애에 입단했고 성모회에도 가입했습니다. 저희 집에서 성당까지는 20리(약 8킬로미터) 길이라, 배로 강을 건너 하루 세 번 왕복하는 버스를 타야 했습니다. 저는 먼 거리도 마다하지 않고 달려가 신나게 성경 공부도 하고 쉬는 교우와 환자들도 열심히 방문했습니다.

따뜻한 봄날, 양어장에서 혼자 일을 하고 있는데 저희가 키우던 개 진돌이가 반갑다고 달려오다가 그만 저를 물속에 빠뜨렸습니다. 강으로 떨어진 저는 물 위로 한두 번 떠올랐다가 다시 물속에 가라앉았습니다. 이때 저는 간절한 화살기도를 바쳤습니다. '세 번째 물에서 떠오르지 않으면 죽는다는데, 성모님, 저를 살려 주세요. 고해성사도 보고 성모님 사업도 더 해야 합니다.'라고 말이지요. 다시금 떠오르는 순간 밧줄이 보였고, 저는 혼신의 힘을 다해 밧줄을 잡고 갑판 위로 올라왔고 곧바로 정신을 잃었습니다. 몸이 추워 눈을 떠 보니 진돌이가 옆에서 저를 지키고 있었습니다.

저는 30여 년 동안 레지오 마리애와 구역 일을 하면서 미사가 끝나고 구역을 위해 기도드릴 때 떠오르는 사람을 바로 방문했습니다. 그리하여 작년과 지난봄에 독거노인 두 분의 임종을 지킬 수 있었는데, 이는 성모님의 기도 덕분입니다.

저희 가족의 사업체이자 전 재산인 양어장을 유례없는 홍수로 모두 잃고 실의에 빠져 있는 저에게 남편은 위로의 말을 건네었습니다. "여보, 하느님께서 우리를 무척 사랑하시나 봐요. 우리에게 시련과 함께 크나큰 은총을 주셨어요. 이제 양어장이 없으니 암으로 투병 중이신 어머님을 열심히 간호해 드리라는 은총 아니겠어요? 어머님이 돌아가시면 영영 만나지 못하지만 우린 젊으니 돈은 다시 벌면 됩니다."

저는 이 말을 듣고 눈물을 흘리며 "희망 주신 성모님, 감사합니다." 하고 기도를 드렸습니다.

저는 반장과 레지오 마리애 단장으로 활동하면서 힘들 때마다 물속에서 성모님께 간절히 드렸던 기도를 생각하며 힘을 얻습니다. 이제 저희는 3대가 함께 모여 사는 11명의 대가족이 되었습니다. 주님의 말씀과 찬미의 노랫소리가 들리는 저희 가정을 봉헌합니다.

언제나 저를 버리지 않으시고 함께하신 성모님, 저는 참으로 행복합니다.

노시순 안나

이제는 엄마를 이해하려 합니다

찬미 예수님!

성모 성월인 5월을 맞아 성모 신심 미사에 나서며 망설임과 떨림이 앞서지만, 가브리엘 천사 앞에 선 성모님의 순명을 회상하며, 부족하고 부끄러운 체험을 이야기하고자 합니다.

전통적인 불교 집안에서 태어난 저는 경제적으로는 풍요로웠으며, 아버지의 사랑을 듬뿍 받았지만, 어머니로부터 아픔을 많이 받아 상처와 미움을 안고 지냈습니다. 상처가 해결되지 않은 채 사춘기를 보내고 성인이 되어서도 수줍음을 잘 탔고 내성적이며 소극적으로 살아왔습니다.

저는 결혼하여 남편과 2남 1녀를 둔 가정을 꾸렸지만 정신적으로는 바뀐 것이 없는 상태였습니다. 지금 생각해 보니 그동안 저는 뭔가 의지할 수 있고 저의 영혼을 지지해 줄 절대자를 찾고 있었던 것 같습니다. 저는 시간이 날 때면 혼자 성당이나 교회에 들어가 조용히 앉아 있곤 했습니다. 그러다가 남편의 인도로 세례를 받아 천주교 신자가 되었습니다.

처음에는 아이들을 돌보며 집에서 기도했습니다. 교리 공부를 할 때 배운 바에 따라 새벽·아침·점심·저녁 기도를 바치고 자유 기도도 하고 매일 미사 책을 읽으며 많이 울기도 했습니다. 성경을 읽고 기도를 바치면 왜 눈물이 나오는지, 눈물이 한참 나오다가 가슴 밑바닥에서 알 수 없는 힘이 솟는 걸 느낄 때가 많았습니다. 아마도 참된 자아를 발견하고 어려서 입었던 마음의 상처가 아무는 것이라고 생각했습니다.

하느님은 가난하고 부족한 저를 사랑, 지혜, 평화, 인내, 절제, 감사, 자비, 겸손, 온유, 정의와 빛 등의 영적인 선물로 채워 주시며, 저의 모든 삶을 보듬어 주시고 새롭게 창조해 주셨습니다.

레지오 마리애에 입단한 후로는 매주 주회에 참석하고 공인 교본을 읽으며 관련 교육을 자주 받았습니다. 평화방송 시청도 자주 했고, 쁘레시디움 간부를 맡아 기도와 활동을 했습니다.

그러다가 어느덧 쁘레시디움 단장과 함께 구역장을 맡게 되었습니다. 구역장으로서 어렵게만 느껴지던 소공동체 활동을 주관하고 봉사하는 일도 자연스럽게 수행하게 되었습니다. 저는 천주교 신자로 성장해 가면서, 예수님의 어머니이며 요셉 성인의 배필로서 성가정의 평화를 지켜 오신 성모 마리아를 알게 되고 공경하고 사랑하게 되었습니다.

또한 마음의 깊은 상처를 준 혈육의 어머니를 용서하게 되었습니다. 그동안에는 엄마가 제게 준 상처와 아픔을 떠올렸는데, 이제는 엄마를 이해하려 합니다. 엄마가 제게 준 은혜와 엄마의 좋은 점을 주로 생각하려 합니다. 오히려 엄마로 인해 당신을 만나게 해 주신 하느님께 마음 깊이 감사드립니다.

지금 엄마는 세상을 떠나고 없지만 살아생전에 다하지 못한 효도를 기도로 대신하고 있습니다. 그 사이에 저희 집 2남 1녀가 세례를 받아 가족 모두가 하느님의 백성이 되었습니다.

주변에서는 제가 성격이 강하고 적극적으로 바뀌었다고 얘기합니다. 그러나 불과 5, 6년 사이에 변한 모습에 저 자신도 놀라며, 무엇이 이렇게 저를 변하게 했는지 되돌아보곤 합니다. 돌이켜 볼 때 예수 그리스도의 한없는 은총과 성모 마리아의 지극히 모범적인 인도였다고 생각합니다.

저는 "내 영혼이 주님을 찬송하고 나를 구하신 하느님께 내 마음 기뻐 뛰노나니 당신 종의 비천함을 돌보셨음이로다."라는 성모 마리아의 고백을 늘 되뇌곤 합니다. 성모님에 대한 신심은 우리의 일상생활에서 늘 지침이 되는 것 같습니다.

혈육의 어머니는 자식이 자라면 멀어질 수 있고 헤어지기도 하지만, 하느님의 어머니는 신앙이 자라날수록 가까워집니다.

저희 가정은 남편의 직장 퇴직과 사업으로 경제적 어려움을 겪을 때도 있지만, 온 가족의 일치된 기도와 노력, 그리고 영적 어머니의 따뜻한 사랑을 받아들이면서 이를 극복하고 참된 성가정으로서 사랑과 평화를 이루리라 믿어 의심치 않습니다.

성모 성월을 맞아 모든 교우에게 주님과 성모님의 풍성한 은총과 가정의 평화가 함께하기를 빕니다. 아멘.

오승희 데레사

성모님은 밤낮으로 돌보아 주십니다

성모님이 지금까지 저에게 베풀어 주신 은혜에 감사드리기 위해 이 자리에 섰습니다.

저는 은총을 정말 많이 받았음에도 제대로 살지 못해 항상 부족함을 느낍니다. 그래도 요즘은 성모님의 마음을 조금은 알게 되었습니다. 배려와 양보, 헌신과 봉사의 마음으로 묵묵히 일하는 신부님, 수녀님을 통해서 말이지요. 주는 것이 받는 것보다 더 행복하다는 것을 몸소 실천하는 삶을 그분들 옆에서 느끼며 배웁니다.

저의 친정어머니 이야기를 해 보겠습니다. 저의 어머니는 현재 93세이며 요양원에 있는데 죽음을 맞이할 시간이 얼마 남지 않았습니다. 8남매를 둔 어머니는 학교 공부보다는 신앙 교육을 철저히 시켰습니다. 성당 가는 걸 빠지면 무섭게 화를 냈고 밥을 굶어야 한다고까지 했지요. 어머니는 장사할 때는 주일만 지키다가 일을 그만두고는 레지오 마리애에 입단해서 75세까지 활동하면서 기도 생활도 열심히 했습니다. 3주 전에 어머니에게 큰 소리로 기도를 드려 보라고 했더니 '자녀를 위한 기도'를 무의식 중에 바치며 눈물을 흘렸습니다. 어머니가 한평생 살아오면서 온전히 성모님께 의지하고 맡겨서 저희가 길을 잃지 않았나 봅니다.

저는 성모님이 저희를 위하여 밤낮으로 돌보아 주신다는 것을 깨닫게 되었습니다. 제가 33세에 레지오 마리애에 입단해서 지금까지 활동하는 것도 성모님의 은총입니다. 그런데 제가 45세가 되었을 때 큰 병이 찾아왔습니다. 다른 사람의 신장을 이식받아야 한다는 청천벽력 같은 일이 감당하기 어려웠고 제 삶이 원망스러웠습니다. 서울 성모 병원 성당에서 아무도 없을 때 주님 한 번 부르고 성모님 한 번 부르며, 이렇게는 못 산다고 저 좀 살려 달라고 부르짖었습니다. 그런데 성모님이 제 부르짖음을 들어주셔서, 저는 10개월 후 이식 수술을 받았고 지금은 잘 지내고 있습니다.

그 당시 기도를 많이 받아 기도에 빚진 데레사입니다. (우리는 힘들 때 성모님께 간절히 청해야 하겠습니다.) 그런데 그 뒤로 또 성모님께 청할 일이 생겼습니다. 아들이 결혼한 지 8년이 되어도 아기가 없었습니다. 우리 성당 마당에 계시는 성모님 앞에서 손주를 얻을 수 있게 해 달라고 간절히 기도드렸습니다. 성모님 앞에 촛불 봉헌을 하며 "집안에 웃는 일도 주시고 기다리는 손주도 주세요."라고 기도드린 지 한 달 만에 며느리의 임신 소식을 들었습니다. 그 손녀가 지금 여섯 살로 유치원에 다니고 있습니다. 자녀들의 마음을 잘 알고 계신 성모님께 묵주를 한 알, 한 알 굴리며 기도드리면 이뤄 내지 못할 일이 없다는 걸 체험했습니다.

"모후이시며 사랑이 넘치신 어머니, 우리의 생명과 기쁨, 희망이시여……. 불쌍한 저희를 인자로운 눈으로 굽어 보소서."

성모님, 항상 보호하시고 도와주셔서 감사합니다. 남은 삶도 성모님의 도구로서의 역할을 잘 해낼 수 있도록 도와주시기를 간절히 청합니다.

이명자 데레사

오늘도 묵주알 굴리는 걸 무기로 삼으렵니다

복되신 동정 성모 마리아님, 찬미와 영광 받으소서!
엊그저께까지 성모 성월을 보내며, 이런저런 기도를 골라 당신께 봉헌했습니다.
그리고 예수 성심 성월을 맞아 성모님께 드리는 신심 미사에, 미천한 제가 아주 보잘것없는 글을 올릴 수 있게 되어 한없이 영광스럽습니다. 첫 토요일, 말로만 듣던 성모 신심 미사에 글을 올리게 되었네요.
저는 미사에 참례하기 위해 시간에 쫓겨 때로는 뛰기도 했습니다. 종종걸음으로 무단횡단을 밥 먹듯이 하고, 헐레벌떡 성당을 향해 언덕을 올라가면 땀방울이 주르르 얼굴에 흘러내리곤 했지요. 겨울이면 살얼음판에 미끄러질까 봐 조심조심 걸어도 엉덩방아를 찧어 손바닥에는 상처가 나 아팠지만, 지금은 새삼 추억으로 남습니다.

세상의 모든 가정이 성모님의 전구로 행복 가득한 가정이 되게 하고자, 본당 신부님이 성모 신심 미사를 시작한 지 어언 10년, 진심으로 감사드립니다.

아플 때 위로해 주시고, 약한 사람들을 견고하게 하시며, 수많은 환자들을 깨끗하게 하시는 성모님!

주님이 속량하신 우리의 죄악들을 뒷전으로 내던지시고 당신 마음 고이 넣어 구원으로 인도하시니, 그 누가 성모님을 찬양하지 않겠으며 공경하지 않겠습니까?

주님을 두려워하는 이들, 당신이 이끄시니 당신의 사랑과 포근함을 믿는 이들이 저희가 아닌지요?

철없는 저희에게 겸손과 사랑을 내려 주시어, 당신 뜻 정성껏 받들게 도와주시고, 빗자루 걸레질 한 번이라도 당신과 함께하는 것이 큰 기쁨임을 깨닫게 하옵소서.

무엇을 알아서가 아니라 그냥 이 모습으로 어머님 발치에서 멀어지지 않게, 저희의 기도를 모아 당신 아드님께 바쳐 주소서.

성모님, 저희에게 악과 싸워 이기도록 지혜를 주시고, 주님의 사랑으로 이웃을 사랑하는 삶 살도록 용기와 인내 허락하소서.

"성모님을 따르면 길 잃지 않고 성모님을 부르면 실망치 않네. 성모님을 생각하니 헤매지 않고 성모님이 붙드시니 떨어질 리 없네. 성모님이 감싸면 두렵지 않고, 성모님이 이끄시니 지치지 않아, 성모님의 도움으로 목표에 이르네."

이 같은 베르나르도 성인의 말을 굳게 믿으며, 어제도 오늘도 또 내일도 묵주알 굴리는 걸 무기로 삼으렵니다. 이 무기가 새로운 복음화 사업에 티끌만 한 보탬이라도 되게 하소서!

성모님, 항상 감사와 찬미를 드리며 사랑합니다.

박남순 가타리나

성모님이 계셨기에
수많은 역경을 이겨 낼 수 있었습니다

저는 남편의 지병으로 가정 형편이 너무 어려워서 1년 동안 가사 도우미를 했습니다. 그렇지만 그 수입만으로 네 식구가 생활하기에는 너무 부족했습니다.

가장의 빈자리를 채워야 했기에 고민 끝에 저는 화장품 판매 일을 하게 되었습니다. 집에서 살림만 하던 제가 할 수 있을지 두려운 마음이 앞섰지만, 어린 자식들을 생각하면서 이집 저집 벨을 누르며 화장품 판매를 했습니다. 문도 열어 주지 않고 막말을 들을 때도 많았지만, 제품 교육을 열심히 받아 고객에게 설명을 잘하게 되면서 점점 고객이 늘어났고 다행히 생활비 걱정은 줄어들게 되었습니다.

그러나 남편의 병은 크게 나아지지 않았고 긴 병 수발과 잦은 입원으로 절망하고 있을 즈음, 뒷집 감리교회 다니는 권사님이 기도해 주겠다며 찾아와 교회 다니기를 권했습니다. 그 사람을 따라 1년 동안 마지못해 교회를 다녔으나 신앙심은 자라지 않았고 교회도 가고 싶지 않았습니다. 그러던 차에 결혼 전부터 다니고 싶었던 성당을 찾게 되었습니다. 성당을 다니며 교리 공부도 열심히 했습니다. 어려운 순간이 찾아올 때마다 묵주 기도를 바쳤고, 레지오 마리애에 입단하고부터 성경 공부도 열심히 하게 되었습니다. 그러면서 성모님이 저의 기도를 들어주신다는 생각이 많이 들었습니다.

그렇게 20년 넘게 성당을 다니다 보니 고비 때마다 그만두고 싶었던 화장품 외판을 33년째 감사와 기도로 할 수 있었습니다. 힘들 때마다 희망을 주셨던 성모님의 은총으로 꿈조차 꾸기 힘들었던, 작지만 우리 네 식구가 마음 편히 살 수 있는 작은 빌라도 장만할 수 있게 되었고, 이제는 자식들 모두 무사히 공부를 마치고 가정을 이뤄 행복하게 살고 있습니다.

지난 세월을 돌이켜보면 크고 작은 수많은 역경들이 있었지만 그때마다 저에게 위로와 힘이 되어 주신 성모님이 계시어 이겨 낼 수 있었습니다. 성모님의 따뜻한 사랑과 주님의 은총 덕분이라고 생각합니다.

언제나 따뜻한 미소로 저를 지켜보며 위로하고 청하는 모든 것을 받아 주며 전구해 주시는 어머님, 저를 사랑하고 아껴 주시는 성모 마리아님, 그 은총에 감사드리며 사랑합니다.

성모님, 기도와 봉사와 늘 깨어 있는 삶으로 살아가도록 저를 위하여 빌어 주소서. 아멘.

최양진 율리아

성모님은 저의 엄마, 어머님이십니다

 성모님, 저는 당신을 그저 하느님께 순명한 분이고 겸손과 믿음의 모범이시며, 단순히 예수님의 어머니라 생각하며 살아왔습니다.
 하지만 얼마 전 정진석 추기경님이 이야기해 준 '십자가 상 일곱 말씀' 중 두 번째 말씀 "이 사람이 어머니의 아들입니다. …… 이분이 네 어머니시다."(요한 19,26-27)에 대해서 듣고 당신이 저의 엄마, 어머님이 되셨음에 감격하며 온몸에 전율을 느꼈고 기쁨의 눈물도 흘렸습니다.
 성모님, 고요 중에 가브리엘 천사가 나타나 "여인이시여." 라고 당신을 부르셨지요. 첫 번째 "여인이시여."라는 호칭을 들으시고 당신은 예수님을 잉태하여 낳으셨습니다. 그리고 예수님이 골고타 언덕에서 처참한 모습으로 죽음에 처한 현장에서 십자가에 매달리신 하느님이신 예수님이 "여인이시여."라고 당신을 부르셨습니다.

　예수님은 요한 사도를 보며 "이 사람이 어머니의 아들입니다." 하고 당신께 말씀하셨습니다. "여인이시여."라는 두 번째 호칭을 예수님을 통해 들으시며 당신은 요한 사도의 영적인 어머님이 되신 것입니다.

　당신의 아드님 예수님이 십자가에 매달리시어 극심한 고통을 당하실 때 그 모습을 지켜봐야만 하는 심정을 어찌 말로 다 설명할 수 있을까요? 그러나 당신은 예수님의 그 십자가 고통을 바라보고 함께하시며 십자가의 고통을 통한 산고를 치르시고, 요한 사도뿐 아니라 수억 명의 그리스도인들의 영적인 어머님이 되신 것입니다.

　당신의 맏아들 예수 그리스도가 모진 고통 속에서 돌아가시는 순간이 아이러니하게도 수많은 영적인 자녀들을 탄생시키는 순간이 되었던 것입니다. 그러므로 영광스럽게도 예수 그리스도를 믿는 저는 당신의 딸이 되었습니다.

　모진 고통 속에 수많은 그리스도인들의 엄마, 어머님이 되신 성모님 앞에 저는 한 아이의 엄마로서 너무도 부끄럽고 철이 없었음을 고백합니다. 어쩌다 아이가 넘어져 살짝 다치기라도 하거나 어디가 좀 아프면 얼마나 호들갑을 떨며 수선을 피웠는지요. 저는 모든 일의 잘못이 제게 있음을 알지 못하고, 많은 것을 가졌음에도 더 달라고 기도했습니다. 당신의 아드님 예수님께 전구해 달라고, 징징거리고 매달렸습니다. 이 모든 것이 참으로 부끄럽습니다. 하지만 자애로우신 당신은 늘 저를 위하여 기도해 주셨습니다.

  이제는 제가 성모님을 사랑하고, 하느님께 순명하며 믿음과 겸손의 모범을 보이신 성모님을 닮도록 노력하겠습니다.

  성모님, 엄마, 어머님 감사합니다. 그리고 사랑합니다.

최비가나 마리아 막달레나

올해는 세 가지 은총을 청합니다

　연초를 맞이하여 성모님께 드리는 글을 쓰게 되어 기쁩니다. 이 글을 쓰면서 진솔하게 제 마음을, 특히 올 한 해를 어떻게 살아야겠다는 다짐을 성모님께 드림으로써, 제 신심이 조금 더 성장하는 계기가 되기를 기도드립니다.

　제가 어떻게 올 한 해를 보내야 성모님이 마음에 들어 하실지 생각해 보았습니다. 지난 한 해를 생각해 보니 여러 가지로 성모님께 상처를 드린 일과 마음 아프게 한 일이 많았습니다. 무엇보다 아직도 슬픔 속에서 헤어나지 못하는 이들을 위로하지 못한 일, 제가 바쁘다는 핑계로 공동체 모임에 적극적이지 못한 일, 가정에서도 충분한 의사소통을 하지 못하고 저의 딸 안나에게 화를 낸 일, 여러 가지로 너무 많이 성모님께 걱정도 끼치고 슬프게 하여 성모님 보시기에 제가 한심했을 것이란 생각까지도 듭니다.

사랑하올 성모님, 그리고 가정생활의 모범을 보여 주신 성모님! 올 한 해도 주님에 대한, 주님을 향한 믿음을 성모님으로부터 배울 수 있게 해 주시고 주님의 뜻을 한 가닥 의심 없이 신뢰하신 성모님을 본받아 저희 가정을 성가정으로 이끄는 데 도움이 되게 해 주십시오.

성모님! 저는 아주 큰 은총을 받았습니다. 무엇보다도 오래 전부터 가족과 함께 바치는 묵주 기도를 하루도 빠짐없이 바칠 수 있게 해 주심에 감사드립니다. 이 기도를 통하여 성모님으로부터 많은 위로를 받고 있는 것이 사실이며, 집안이나 직장을 막론하고 어려운 일이 있을 때는 주저없이 성모님께 말씀드릴 수 있게 되었습니다. 그리고 저에게 전달되는 뜻을 따르려고 노력하게 되었습니다. 이것이 제가 영적으로 조금씩 성장하는 모습이라고 믿고 있으며 이 점에 대해 성모님께 감사드립니다.

어느 수녀님이 한 말이 생각납니다.

"기도는 결과물이 아니라 청원하고 감사하는 것이고, 내 마음을 그대로 성모님께 그리고 주님께 바치는 것이다."

올 한 해는 성모님께 청원하고 감사할 뿐만 아니라 좀 더 많은 시간을 할애하여 제 마음을 있는 그대로 성모님께 드릴 수 있는 은총을 청합니다. 제 투정도 많이 받아 주십시오. 제가 기도드리고 청원드릴 것은 많지만, 올해는 세 가지만 은총을 청합니다.

첫째, 채우기보다 비우는 행복을 맛볼 수 있게 해 주십시오. 여유롭지 못한 가정을 이끌어야 하는 저로서 이것이 어렵다는 것은 압니다. 그렇지만 성모님이 저를 위해 주님께 은혜를 청해 주신다면 조금씩이라도 그 비움 속에서 행복을 느끼는 것이 가능하리라 믿습니다.

둘째, 유머가 부족한 제가 아는 사람과 만날 때는 웃음을 주고, 모르는 사람에게는 미소를 머금어 제 마음이 전달될 수 있도록 해 주십시오. 특히 딸 안나와 대화할 때 제가 항상 미소를 잃지 않게 해 주십시오.

셋째, 하느님이 제게 주신 용기로 제가 성경 공부 2년 입문 과정을 신청했습니다. 잘 해낼 수 있을지 아직 확신이 없지만, 2년 동안 꾸준히 지속할 수 있도록 성모님의 은총을 청합니다.

이렇게 끝을 맺으려니 제가 기도해야 할 너무나 많은 사람들이 시련 속에 있고, 또 꿈을 펼치지 못하는 젊은이들이 마음에 무겁게 와 닿습니다. 무엇보다 이들에게 용기를 주시고 절대로 포기하지 않고 꿈과 희망을 가지고 살도록 성모님이 주님께 은혜를 청해 주십시오.

    주 하느님! 성모님으로부터 저희가 배우고 본받을 수 있도록 성모님을 위대한 자리에 앉히심을 감사드립니다. 주님은 찬미와 영광 받으소서.

장석복 아우구스티노

성모님, 사랑합니다

성모 마리아님! 제가 성모님과 마주하며 글을 드리는 기회를 허락하심에 감사드립니다. 성모님 앞에서 이렇게 미사 중에 대화하는 것은 참으로 두려운 일이고 용기가 나지 않았습니다.

성모님은 태초부터 하느님 아버지의 택함을 받으시어 구원 사업에 동참하시느라 고통을 겪으셨습니다. 그 고통은 하나의 은총입니다. 고통은 병을 고쳐 주거나 용기를 북돋워 주는 것이라고 생각합니다. 형언할 수 없는 어머님의 삶, 성모님을 공경하며 어머님의 사랑에 찬미가를 드립니다.

성모 마리아님! 저는 성모님을 생각하며 기도드릴 때나 성모상을 바라보면 어린아이처럼 마냥 즐겁습니다. 미소가 절로 지어집니다. 어머님은 제가 청하는 것은 무엇이든 잘 들어주시리라 생각하기 때문입니다. 육신의 어머니는 때론 무서운

분이었고 제 청을 감히 말할 수가 없었지요. 그래서 저는 어머니에 대한 사랑이 부족했는지 성모님께도 아주 오랫동안 선뜻 다가가지 못했습니다. 하느님 어머니, 평생 동정이신 마리아, 원죄 없이 잉태되신 분, 하늘에 올림을 받으신 분 등 교회에서 가르치는 교리는 잘 알아듣지 못하지만, 성경을 통하여 어머님은 복되시며 지극히 겸손하신 분이심을 압니다. 그러나 저의 찬미와 존경과 사랑은 늘 부족합니다.

제 인생에서 가족들과 얽힌 여러 가지 어려운 문제로 어머님께 정말 많이 의탁하고 간청했는데도 어머님을 자꾸만 잊고 살게 됩니다. 구역 일을 하면서도 성모님께 간절히 기도드리며 청해야 함에도 또 나태하게 됩니다. 오늘 어머님과 마주하며 다시 한 번 결심합니다. 어머님의 고귀하심과 예수님을 향한 항구한 믿음과 사랑을 따라 살고, 끊임없이 기도드리며 살겠습니다. 늘 저에게 위로가 되어 주시는 어머님, 감사합니다.

성모님, 사랑합니다.

황정숙 데레사

너는 내 사랑하는 아들이다

중3 때, 죽음을 앞둔 바로 위 누나가 옆집에 사는 할머니의 도움으로 대세를 받고 천주교식으로 장례를 치룬 것이 계기가 되어 가족 모두가 세례를 받게 되었습니다.

세례 후 2, 3년 복사도 하고 성당을 열심히 다니는 모습이 수녀님 마음에 들었는지 수녀님은 사제가 되라고 만날 적마다 권했습니다. 그러나 오묘한 삼위일체 교리를 깨닫지 못하고 부정하면서 저는 약 8개월 정도 냉담했습니다.

그때에는 묵주 기도를 바칠 때 '사도신경', '주님의 기도'를 바친 후 "마리아, 천주 성부의 지극히 거룩한 딸이심을 찬미할지어다." 하고 성모송 바치고, 두 번째 "마리아, 천주 성자의 항상 동정이신 모친이심을 찬미할지어다." 하고 성모송 바치고, "마리아, 천주 성령의 지극히 정결하신 짝이심을 찬미할지어다." 하고 성모송 바친 후 묵주 기도를 바쳤습니다.

성모님을 놓고 보면, 하느님은 성모님의 아버지도 되시고, 아들도 되시고, 짝도 되신다는 논리가 사춘기를 맞은 제게는 도무지 이해가 되지 않았습니다. 성당을 다니는 대신 저는 합기도라는 운동을 열심히 했고 너무 무리하다가 늑막염에 걸렸습니다. 어머니는 민간요법으로 장질초라는 약초를 달여 먹고 늑막염이 나았다는 얘기를 듣고 제게 장질초를 달여 먹였습니다. 그런데 장질초는 독초라서 부작용이 일어났고 저는 어머니 무릎 위에서 의식을 잃어 갔습니다.

그때 저는 어머니가 울면서 성모님께 간절히 기도를 바치는 것을 어렴풋이 들었습니다. 그 순간 저도 의식의 끈을 놓기 전 성모님께 제 목숨 살려 주신다면 한평생 성모님을 위하여 살겠다고 기도드렸고 의식을 잃었습니다. 의사가 왕진 오고 난 얼마 후 제 의식이 서서히 되살아났습니다. 차츰차츰 건강을 되찾은 후 저는 성모님과의 약속이 생각나 그 약속을 저버리지 않겠다고 다짐했습니다.

그러나 이해하기 힘든 삼위일체 교리가 걸림돌이 되었습니다. 그러다가 전기는 +, -(플러스, 마이너스)로 되어 있지만 힘의 에너지로 바뀌면 동력이 되어 모터를 돌릴 수 있고, 빛의 에너지로 바뀌면 형광등이 되어 밝게 비추며, 열 에너지로 바뀌면 전기 난로가 되어 열을 발산하는 것을 보게 되었지요. 똑같은 +, -로 되어 있는 전기가 힘 에너지이냐, 빛 에너지이냐, 열 에너지이냐는 결과에 따라서 달라지는 것을 생각하며 저는 삼위일체 교리를 이해하는 데 도움을 받았습니다.

수녀님의 끈질긴 권유에 힘입어 제가 신학교에 들어간 후, 1970년 1월 18일, 지금은 은퇴한 전 제주 교구장 김창렬 주교님이 당시 학장 신부님일 때, 저의 아버지가 사기를 당하여 저희 집 사업이 몰락했다는 사정을 그분이 듣게 되었습니다.

7남매 중 제 위로 두 누나가 있지만 아들로서는 장남인 제가 사제의 길을 걷기보다는 어린 동생들과 부모님을 돌보는 것이 주님이 더 원하시는 길이 아닐까 하고 그분은 저를 설득했습니다. 옳은 말이었기에 저는 눈물을 흘리면서 혜화동 교정을 내려왔습니다. 그 후 직장 생활을 하면서 동생들 뒷바라지를 했습니다. 그 덕분인지 박사가 된 동생도 있습니다.

몇 년 후에는 철강재 판매업을 창업하고 생활의 여유도 생겨 결혼할 마음을 먹었는데, 선교의 목적으로 비신자만 골라 선을 보았습니다. 그리하여 거래처 상무 이사의 처제인 지금의 아내와 관면 혼배를 받고, 혜화동 교정을 떠난 지 7년 후인 1월 18일, 중림동 약현 성당에서 혼인성사를 받았습니다.

여유가 생기자 저는 성모님과의 약속을 지키고자 사업은 직원들한테 맡기고 사목 위원으로서 연령회 초대 총무, 장학회 초대 총무, 하상회 초대 총무를 겸해서 맡고 가깝게 지내던 형제들 여덟 명을 모아 신부님 허락 아래 남성 레지오 마리애를 창단했습니다.

그리고 한국 천주교회 설립 150주년 행사 때 동원부에서, 200주년 및 세계 성체 대회 때에는 여의도 행사 시설부에서 봉사하면서 요한 바오로 2세 교황님을 지척에서 보는 특은도 누렸습니다. 이뿐만 아니라 꾸르실료 임원 봉사, 가톨릭 시각장애인 선교회 낭독 봉사자, 성령 쇄신 기도회 봉사자로 활동했습니다. 성령은 사람을 모으는 일을 하시지만 악령인 사탄은 사람을 흩어 놓는 일을 한다는 것을 마음 깊이 새기며 나름대로 의욕에 찬 봉사를 했습니다. 그러나 주님의 일을 할 때에는 주님도 함께하시지만 사탄도 함께 있음을 깨닫기도 하면서, 자만심과 교만한 마음에 사로잡히곤 했습니다.

1980년대 후반 약 8년 동안 저는 포커에 미쳐 정신을 못 차리고 허우적거렸습니다. 그때 당시 웬만한 집 한 채 값이었던 300~400만 원을 단 5분도 안 돼서 잃곤 했습니다. 이래서는 안 되겠다 싶어 고해성사 보기를 수십 번, 고해성사 보는 것만으로는 미흡하다고 생각하여 면담 고해성사를 보곤 했습니다.

그러다가 한 신부님이 저의 면담 고해를 듣더니 "직업이 뭐지요? 한 달 수입이 얼마나 됩니까?" 등등 꼼꼼히 묻고는 포커 하는 시간을 줄이기를 약속하자고 했습니다. 그즈음 아내는 제가 포커를 한다는 사실을 알고서 느닷없이 제 뺨을 때렸습니다. 그런데 묘하게도 아내에게 맞은 것이 자존심 상하기보다는 "이것은 내가 때리는 거야." 하는 어머니의 음성이 들리는 것 같았습니다.

생각의 차이요, 관념적 환희인지 모르겠지만 성모님이 "너는 내 사랑하는 아들이다." 하는 모습이 하늘나라로 떠난 어머니의 모습과 함께 오버랩 되었습니다. 저에게는 출애굽의 순간이요, 은총의 순간이었습니다.

그날 늦은 저녁에 지나온 나날을 성찰해 보니, 애벌레가 탈바꿈을 하고 모세가 홍해를 건너는 어제와 오늘이었습니다.

아! 성모 마리아님, 어머님은 제가 의식의 끈을 놓기 전 제가 바친 기도를 주님께 간절히 전하시어, 이 가련한 죄인을 구해 주셨으니 오직 감사할 뿐이옵니다.

주님의 이름은 찬미받으소서. 영원히 찬미받으소서.

진현수 타대오

제5부

빈손으로 보내지 않으시는 성모님

성모님이 살며시 놓고 가신 선물 '지혜'

보이지도 않고 잡히지도 않던 성모님이 어느 날 우연히 문득 제게 오셨고, 저는 그날부터 성모님을 알게 되었습니다.

지금까지 성령의 힘으로 저를 이끌어 주신 성모님!

제가 외롭고 어렵고 힘들어할 때마다 따뜻한 사랑의 마음으로 받아 주시고 안아 주시고 힘과 용기를 주신 성모님께 오늘 저의 마음을 전하고 싶습니다. 저에게 우연히 영적으로 찾아오신 성모님이 살며시 놓고 가신 '지혜'라는 선물을 받고 한참 동안 설렘과 기쁨을 감출 수 없었습니다.

성모님이 저에게 주신 선물인 지혜는 성모님이 저에게 주신 순간부터 제 기도의 제목이 되었으며 저희 집 가훈이 되었습니다. 저는 제 생활 안에서 항상 지혜를 주시기를 성모님께 기도드렸습니다.

그러던 어느 날, 제가 근무하는 직장에서 서울 지방 법원으로부터 설정 등기까지 완료된 상태로 거액의 대출을 승인해 주려는 순간, 영적으로 '왠지'라는 느낌이 제 머릿속을 스쳐 지나가 다시 한 번 더 생각해 보게 되었습니다. 성모님이 주신 선물인 지혜로 잠시 묵상을 하는 도중에 대출금을 빨리 기표해 달라고 다그치는 독촉 전화 한 통을 받고 저는 재검토 중이라고 하며 전화를 끊었습니다. 그 순간 "이거 눈치챈 것 아니야?"라는 영적 메아리가 저의 뇌를 스치듯 들리는 것이었습니다. 순간 저는 잘못된 대출임을 확신하고 즉시 경찰에 수사 의뢰 신고를 했습니다. 아니나 다를까 그들이 위조된 신분증과 서류로 설정 등기가 완료된 것을 확인하며 서류 위·변조 국제 사기단의 대출을 막아 냈습니다. 제 평생 가장 큰 재앙이 될 수도 있었던 사고를 성모님이 주신 지혜로 위기를 모면하여 직장을 지킬 수 있었습니다.

만약 순간의 지혜를 발휘하지 못하고 그 대출을 진행했더라면, 저와 동료들을 포함한 몇몇 직원들은 즉시 직장을 잃었을 것입니다. 성모님이 주신 지혜 덕분에 오늘 제가 성모님 앞에 이렇게 기도할 수 있게 되었습니다.

지혜로우신 성모님! 감사합니다. 사랑합니다. 성모님 덕분입니다.

이제 지혜는 저의 부족한 양식이 되었으며 지혜를 통하여 저의 잘못을 뉘우치고 반성하며, 지난 시간을 되돌아볼 수 있게 되었습니다. 지혜는 저에게 따뜻함과 사랑으로 세상을 바라볼 수 있는 눈을 갖게 해 준 소중한 선물이 되었습니다.

성모님! 그동안 제가 성모님의 마음을 아프게 하고 힘들게 했던 일들을 생각해 봅니다. 저는 매사에 욕심이 많습니다. 사욕은 아니지만 지기 싫어하는 승부 근성 때문에 여러 분야에서 함께 일할 때나 기도하는 중에 이루어지게, 얻을 수 있게, 이길 수 있게, 지지 않게, 뒤떨어지지 않게 해 달라고 기도하며 성모님을 너무 힘들게 했던 것들이 새삼 부끄럽습니다. 왜냐고요? 열심히 하지 않았던 일, 남 탓을 했던 일, 자신을 더 돌아보지 못했던 일, 기도를 열심히 하지 않았던 일 때문입니다. 더불어 주변에 저처럼 성모님의 마음을 아프게 하거나 힘들게 하는 아들딸이 많이 있는 것 같습니다.

성모님, 도와주세요. 저희는 성모님 사랑 안에서 겸손되이 성모님을 믿고 살아가도록 하겠습니다. 언제나 이 세상 모든 사람이 성모님의 은총 안에서 행복할 수 있길 기도드립니다.

성모님, 사랑해요! 성모님, 감사합니다!

박상배 마태오

힘들 때 부르고 싶고,
기쁠 때 자랑하고 싶은 이름, 어머님

어머님! 묵주 기도의 모후이시여!

묵주 기도 성월을 맞아 예수님과 성모님의 신비들을 깊이 묵상하며 바치는 기도가 주님에 대한 믿음을 더욱 깊게 할 수 있도록 저희를 위하여 빌어 주소서.

성모님의 발아래 바치는 아름다운 장미 꽃송이는 성모님께서 즐겨 받으시는 선물이기에, 묵주 기도를 통해 굴리는 묵주 한 알, 한 알은 어머님께 청하는 간절한 마음입니다. 그러나 이제야 어머님을 슬프게 해 드리고 있었음을 깨닫게 되었습니다. 가슴으로 드리는 기도가 아닌 입술로만 앵무새처럼 습관적으로 바치는 기도였음을 고백합니다.

하느님의 사랑받는 딸, 성자의 귀한 어머니, 성령의 선택된 짝이신 존엄한 삼관 여왕이시여!

저는 어머님의 사랑받는 딸로도, 아기 예수님을 품은 어머니로도, 성령과 함께하는 충만한 삶으로도 살지 못하고 있습니다. 제게 마음의 상처를 준 이들을 용서하고 너그럽게 받아들이지 못할 때, 이미 용서했다고 생각한 사람이 아직도 미운 모습으로 마음에 남아 힘들 때, 제게 해가 될 만한 말 한마디에도 발끈하여 흥분할 때, 또한 '돌아온 탕자'의 큰아들의 모습을 저에게서 발견할 때 저는 마음이 가난한 사람이 아님을 깨닫습니다.

잔잔한 미소를 머금고 침묵 속에 말씀하시는 어머님! 모든 것에 인내할 수 있는 은총과 용기를 주소서. 어머님의 믿음과 겸손과 모범적인 삶을 본받아 주님의 향기를 풍기는 사람이 되고 싶습니다.

어머님! 사랑의 어머님! 힘들 때 부르고 싶은 저의 소리이며 기쁠 때 자랑하고 싶은 저의 기도입니다.

성모 마리아님! 언제나 주님과 함께 계시며 저희를 위하여 기도드리는 힘 있는 전구자이신 어머님!

당신의 자애로우신 사랑에 저희를 온전히 맡겨 드리나이다. 아멘!

김선숙 글라라

하느님의 영광을
조금이나마 이 세상에 드러낼 수 있다면

찬미 예수님!

찬바람과 함께 화려하게 변한 나뭇잎은 세월의 흐름을 실감나게 하고 떨어지는 낙엽은 풀어 놓았던 옷깃을 여미게 합니다. 이제 분주한 일상을 접고 본인의 삶을 성찰하는 시간을 가져 보고자 합니다.

저는 전라도 광주에서 3남 2녀 중 셋째로 태어났습니다. 특정 종교는 없었지만 아버지가 공무원이었던 평범한 집안에서 어린 시절을 보냈습니다. 중학생 시절 친구들과 밤에 마을 앞 들판에 나갔다가, 이웃 마을에서 빗자루 같은 불덩어리가 솟아올랐다가 사라지는 장면을 목격했습니다. 그것은 사람의 혼의 불로, 불이 나간 사람은 며칠 내 죽게 된다는 어른들의 이야기를 친구들과 나누었고, 며칠 후 그 불이 나간 마을의 사람이 죽었다는 이야기를 들었습니다. 그때 이후로 저는 사람에게 육신이 죽어도 없어지지 않는 혼이라는 게 있어, 사람이 죽을 때 그 혼이 어디론가 이동한다는 믿음을 갖게 되었습니다.

　가톨릭 재단에서 설립한 대학을 다녔지만 졸업하고 나서야 대학 시절의 교수 신부님들에 대한 존경으로 교리반에 들어갔습니다. 교리 과정이 마무리될 무렵 "지금은 하느님을 믿지 않지만 세례를 받으면 믿도록 노력하겠다."라는 약속을 하고 1985년 세례를 받았습니다. 이후 가능한 한 주일 미사에 참례하려 했지만 일주일 중 1시간은 신자고 나머지 시간은 비신자인 생활을 이어 갔습니다.

　저는 큰 제과 회사에 다니면서 대형 히트 제품을 개발·출시하여 직장에서 명성을 얻었습니다. 그것은 제 능력이 좋아 이루어진 것이라 여겼고 회사에서 제가 가장 유능하다고 생각했습니다. 그러나 주위 사람들 중에 저를 보는 데서는 칭찬을 많이 하지만 돌아서면 비판하고 공격하려는 이들이 있다는 것도 알게 되었습니다.

　때마침 자동차 부품 회사에서 스카우트 제의가 들어왔고, 제 사업을 하고 싶은 생각도 있어 회사를 옮기게 되었습니다. 그런데 그 회사가 IMF를 맞아 부도가 났고 영위하던 사업이 철수됨에 따라 저는 2003년 무렵, 기다렸다는 듯이 창업하여 사업체 경영을 시작했습니다.

상사는 잘하는데 회사 직원들이 못해서 회사 경영이 잘못 된다고 생각해 온 저는 개인의 생각과 계획 중심으로 자동차 전자 용품 관련 신규 제품을 개발하고 사업을 열정적으로 추진했습니다. 그러나 회사 내 직원들은 기대했던 것보다 수동적으로 임했으며 그동안 알고 지내 온 지인들에게서 일부를 제외하고 제대로 된 협력을 받지 못했습니다. 10여 년이 넘었지만 사업 규모는 영세하고 번창의 기회를 찾지 못하고 있었습니다. 어려운 상황이 예상되면 불안, 초조함으로 집중력이 저하되어 적절한 의사 결정이 안 되고 위축되며 추진력이 크게 떨어졌습니다.

그러던 중에 성당 봉사자의 인도로 레지오 마리애 활동을 시작했고, 구역장 등 소공동체 활동도 하게 되었습니다. 레지오 마리애 평신도 사도직 활동을 적극적으로 임하며, 그동안 저의 직장 생활과 사업 운영을 제 자신만의 자존심과 영광을 위하여 추진하다 보니 진정한 협력자, 동료가 없었다는 걸 뼛속 깊이 느꼈습니다. 주일 및 공휴일을 이용해 평신도 사도직 활동을 하며 하느님의 자녀가 되어 간다는 느낌을 받았고, 마음의 평화를 얻었으며 어떠한 역경 앞에서도 마음의 평정과 집중력을 유지할 수 있다는 게 커다란 은총이라 믿게 되었습니다. 회사에서는 동료와 협력 회사의 공유 이익과 공동선을 중심 가치로 놓고 다시 도전하게 되었습니다. 모든 거래의 과실을 공유하고 인간적 이해와 신뢰를 중시하는 인간관계를 가지려고 노력했습니다. 그러자 상업적 거래 관계로만 대해 온 거래처들 중 신규로 거래하는 아이템이 발생하고 거래량이 증가하는 업체들이 생겨났습니다. 미약한 사업이지만 이 사업을 통해 하느님의 영광을 조금이나마 이 세상에 드러낼 수 있다면 과분한 영광이 되리라 기도합니다.

2005년 견진성사 때 저는 살아계신 하느님이신 예수님을 저의 주님으로 굳건히 받아들이게 되었습니다. 저의 신앙 권유로 세례를 받게 된 어머니가 선종한 후, 비신자였던 증조할아버지, 할아버지와 할머니, 아버지를 어머니와 함께 천주교 묘지에 모시게 되었고 정말 감사한 마음이 들었습니다. 그 사이에 아내와 자녀 2남 1녀가 모두 세례를 받았습니다. 저희 가족은 늘 부족하지만 성가정으로 살아가기를 기도합니다.

이렇게 믿음 생활 속에서, 세상 속에서 부끄러운 이야기들, 내세울 것 없는 이야기들을 말씀드렸습니다. 시련과 도전의 삶, 주님께로 나아가는 여정에서의 한 단면을 말씀드렸다고 생각합니다.

  마지막으로 "주님은 저의 반석, 저의 산성, 저의 구원자 저의 하느님, 이 몸 피신하는 저의 바위시옵니다."(시편 18,3)라는 성경 말씀으로 마치겠습니다.

정석기 대건안드레아

사랑의 공동체로
어머님 발아래 바치는 장미 꽃다발

연초록의 여린 잎이 기지개를 펴고 살랑거리는 바람이 가지를 흔들면, 작은 잎새 사이로 퍼지는 햇살의 눈부심은 하늘을 향해 고개를 들게 하는 싱그러운 5월입니다.

이 5월의 밤, 당신의 신앙을 본받으려는 저희 본당 자녀들이 함께 모여 당신께 감사와 사랑을 드리기 위해 모였습니다. 주님이 오늘, 하루라는 도화지에 내 삶의 그림을 어떻게 그려 주실까 궁금하기도 설레기도 한 마음으로 참례한 미사 시간! 성모 성월을 알리는 성가 소리에 울컥 가슴이 메여 옵니다. 그때서야 '엄마!'라고 마음속으로 불러 보며, 미안하고 죄송스러운 마음에 얼굴이 화끈 달아오릅니다.

외롭고 힘들고 가난한 마음이 당신 품을 찾아들 때 저를 염려해 주시고 사랑으로 감싸 주시는 우리 엄마, 성모님! 엄마가 계셔서 저는 든든합니다. 자녀들의 구원을 위해 십자가의 길을 걸으시는 아드님을 뵈올 때 그 마음이 얼마나 아프고 찢어지셨을까 자식을 길러 보면서 그 인내와 고통, 사랑을 조금은 알 것 같습니다.

지천명知天命을 넘기고도 성모님 앞에서는 아무것도 모르는 세 살배기 철부지인 제가 저의 부족함에 부끄러움을 고백합니다. 성모님을 사랑한다면서 곁에 있지 못했습니다. 그래서 아직 다 바치지 못한 저의 마음과 사랑을 드리고자 합니다.

성모님! 저희 공동체가 서로에게 얼마나 고맙고 소중한 존재인지를 이 시간 새롭게 느끼며, 주님을 따르는 어여쁜 모습으로 공동체를 위한 사랑을 실천하게 해 주십시오.

아름다운 꽃다발을 만들기 위해 꽃 한 송이 한 송이, 가시를 떼어 내고 가지도 잘라 내며 시든 잎도 정리하듯, 우리 마음 안에 있는 시기와 질투, 교만과 이기심을 버리고 성모님 뜻에 한데 모일 때, 사랑의 공동체로 어머님 발아래 바치는 장미 꽃다발을 만들 수 있을 것입니다.

베드로 사도를 예수님께 안내한 안드레아 사도와 같이 옆에서 도와주고 함께하며, 자신보다 하느님이 보시고 좋아하실 일을 먼저 생각하고 행동하는 저희가 될 수 있도록 도와주십시오. 배려하고 나누며 사랑 안에서 하나 되게 하시어 미약하며 소외된 가난한 이웃도 성모님 사랑 안에 품을 수 있는 넉넉한 마음으로 이끌어 주십시오.

공동체 안에서 내가 보탬이 될 수 있는 모습을 생각하게 하시고, 남의 작은 모자람도 사랑의 눈으로 보며 다독이게 하소서. 이렇게 함께하는 저희의 마음을 성모님은 더 기뻐하실 것입니다. 의례적인 기도와 습관적인 행동에서 벗어나 전심으로 성모님을 뵈옵고 사랑을 드리는 저희가 되고자 할 때 성모님은 저희에게 더 큰 사랑을 베풀어 주실 것입니다.

오늘 이 밤, 어머님 둘레에 놓이는 꽃다발처럼 저희도 화합과 일치의 공동체로 나아가려 합니다. 이를 위해 노력하는 저희의 모습을 선물로 받아 주시고, 저희를 축복해 주십시오.

언제나 함께하시는 저희의 어머니 성모님, 감사합니다. 사랑합니다!

이종숙 세실리아

빈손으로 보내지 않으시는 성모님

성모님!

성모님과 제가 만난 지도 벌써 34년이 흘렀군요.

그때 제 나이는 서른셋, 여덟 살, 일곱 살, 두 아이를 두고 직장에 재취업하여 정신없이 지냈습니다. 갑작스러운 취업으로 둘째 아이를 맡길 곳이 없어 아픈 아이를 두고 출근하기도 했습니다. 센 물살에 휩쓸려 가듯 너무 바빴고 아이들을 생각하면 마음이 옥죄어 왔습니다. 세상 풍파 한가운데 내던져진 저는 어딘가 의지하고 싶어 예비 신자 교육을 받기 시작했습니다.

그때는 김장철이었습니다. 총각무 댓 단을 사놓고 저녁 식사 후 아이들을 재우고 연탄 아궁이 앞에 앉아 총각무를 다듬고 있었습니다. 저녁 10시쯤이 되자 눈이 감겨 왔습니다. 저는 그날 밤 내로 총각무를 다듬어 절였다가 다음 날 새벽에 버무리고, 일요일에는 삼촌 신혼집을 구하러 가야 했습니다.

저는 절박하여 부르짖었습니다. "사방팔방을 다 살펴봐도 나를 도울 사람이 없구나."라고 한탄했습니다.

바로 그때 "내가 도와줄게." 하는 소리가 들렸습니다. 깜짝 놀라 고개를 드니 닫아 놓은 문 위에 우아하고 품위 있는 어떤 부인의 실루엣이 보였습니다. 예비 신자이며 보잘것없는 제게 성모님이 나타나신 것입니다. 저는 그분이 성모님인 줄도 몰랐습니다. 참 이상했지만 그 뒤로 모든 일을 번개처럼 해치울 수 있었습니다. 마치 누군가가 돕는 것처럼 힘이 났으니까요.

성모님! 비천한 죄인을 찾아오신 은혜에 깊이 감사드립니다.

그 뒤 세례를 받았지만 삶에 지쳐 주일 미사만 겨우 참례하고 있었습니다. 그즈음 성모님이 파티마 성모상 모습으로 저희 동네에 오셨습니다. "저분께 기도드리면 빈손으로 보내지 않으신다."라는 소문을 저는 들었습니다. 그때 저는 투자를 잘못하여 재산의 반 이상을 잃게 된 상황이었기에 큰 희망이 생겼다 싶었습니다. 묵주 기도 책을 사고 밤 9시만 되면 기도를 시작했습니다. 졸며 깨며 사흘째 기도를 하고 있을 때였습니다. "너, 나를 아니?" 하는 소리가 들렸습니다. 성모님께 자기 욕심만 청하는 자신이 부끄럽다는 생각이 들었습니다. 그때부터 성모님께 드리는 기도의 지향을 "깨달음을 주십시오."로 바꾸기로 했습니다. 저는 '하느님이 계심을 분명히 알게 되면 성당을 계속 다니겠다'는 다짐으로 9일 기도를 54일 동안 열심히 바쳤습니다.

그런데 기적이 일어났습니다. 재미없던 성경 말씀이 귀에 쏙쏙 들어오고, 나중에는 성령 세미나도 가게 되었습니다. 성모님은 제가 큰 죄인임을 알게 하시고 예수님을 만나게 하셨습니다. 성모님, 감사합니다. 묵주 기도를 열심히 바친 덕에 성모님이 하늘의 문을 열어 주신 것입니다.

성모님! 새로 난 세상은 제게는 천국이나 다름 없었습니다. 저는 남편, 시부모님, 시동생들, 직장 동료들, 친정 언니들, 친구들도 같이 이 천국에 함께 살게 해 달라고 성모님께 매달리며 묵주 기도를 드렸습니다.

그런데 성모님은 정말 빈손으로 저를 보내지 않으셨습니다. 주변 사람들이 차츰 입교했습니다. 지금은 주님의 도구로 기쁘게 일하며 모두 성가정을 이루었습니다. 어머님! 이 모든 일이 어머님의 전구로 이루어진 일이 아니었나 생각합니다. 진정으로 감사드립니다.

성모님! 성모님의 은혜는 제 인생을 환하게 바꿔 주었습니다. 신앙의 젖먹이인 저를 기르고 가르치며 주님의 도구가 되게 하셨습니다. 성령 기도회와 레지오 마리애, 서울 교직자회와 어린이 성령 캠프, 향심 기도로 이끄신 손길을 따라 저는 세찬 물결에 허우적거리던 지난날을 뒤로하고, 행복한 물결을 타고 가며 즐기는 인생이 된 것입니다. 생각해 보니 어머님은 지난 34년 동안 비천한 저의 손을 잡고 참 많은 일을 하셨습니다.

하지만 성모님! 게으른 이 종은 어머님의 마음을 많이 아프게도 했습니다. 아마 제 손을 잡은 어머님의 팔은 제가 헤매고 배신하고 게으름 피운 날 수만큼 늘어날 것입니다. 그렇지만 성모님은 저의 손을 결코 놓지 않으셨습니다.

사랑하올 성모님! 오늘 나태해진 저의 불쌍한 영혼을 흔들어 깨워 주십시오. 기도의 끈을 놓지 않게 붙들어 주시고, 받은 소명을 다할 힘을 주십시오. 온 세상 구원을 위하여 애쓰시는 어머님과 함께 기도드리고 싶습니다. 어머님! 죽는 날까지 당신의 도구로 써 주십시오. 아들 예수님을 만나게 하심으로써 제 일생을 축복으로 가득 채워 주신 어머님! 참으로 감사드립니다. 아울러 (오늘 기일을 맞는) 시어머니 루치아에게 성모님의 자비가 내려지기를 기원합니다.

차효순 스텔라

사랑하는 제 어머님 마·리·아

마리아, 저의 어머니 성모님, 매달리며 응석을 부리며 부르던 이름, 어·머·님. 오늘은 감사의 마음으로 당신을 기억하며 또 추억하며 불러 봅니다.

마리아, 저의 어머님!

개신교에서 처음 예수님을 만난 저는 가톨릭 교리를 배워 다시 세례를 받고 신앙생활을 하면서도 성모님에 대한 낯가림이 심했습니다.

어느 해, 성모님의 웃음처럼 고운 꽃으로 빛나는 5월에 성모의 밤 행사를 준비하던 수녀님이 성모님께 드리는 글을 써 보라고 부탁했습니다. 저는 한순간의 망설임도 없이 거절했지요. "저는 성모님에 대한 신심이 없답니다."라고 이유를 당당하게 밝히면서…….

그러나 정작 성모님을 향한 제 고민은 그날 밤부터 시작되었습니다. '나는 교만한 것일까? 솔직한 것일까? 아니면 무지한 것일까? 성모님에 대해 이렇게 무관심하면서도 예수님께 뿌리내리는 신앙인이 될 수 있을까? 왜 수녀님은 내 말에 대해 어떠한 나무람도 없이 "으응, 그럴 수도 있죠."라며 넘겨 버리는 것일까?'

  이것을 계기로 성모님과 친해지기 위한 시간을 가지려고 나름대로 노력했습니다. 묵주를 손에 들고 기도도 바치고, 성모님을 주제로 한 책을 찾아서 읽고, 늦은 밤 성모상 앞에서 어머님을 부르며 대화를 시도해 보기도 했습니다. 그리고 다음 해 성모의 밤 행사 때, 그럴듯한 모양새를 갖춘 성모님께 드리는 글을 바치고 칭찬을 듣기도 했습니다. 그러나 그것은 언어유희에 불과할 뿐, 여전히 성모님은 현실 안에서 진정한 저의 어머님이 아니셨습니다.

  하지만 아이들이 자라면서 제가 얼마나 준비되지 않은 엄마인지를 절감했고, 특히 참을성이 부족한 저로 인해 아이도 상처받고 저도 상처받으며 진정으로 성모님의 망토가 그리웠습니다. 부족한 제게만 맡겨 두지 마시고 당신이 안아 주시기를, 그리고 당신의 망토로 감싸 주시기를 기도드리는 시간이 잦아지면서 성모님은 정말로 제 어머님이 되어 주셨습니다.

루카 복음서 2장 51절 "그의 어머니는 이 모든 일을 마음속에 간직하였다."라는 말씀은 일상의 삶 속에서 새록새록 다시 태어나는 예수님을 받아 안고 간직하신 성모님을 보면서 성장의 고통을 앓고 있는 이 부족한 엄마가 가야 할 길을 열어 주었습니다.

환희의 신비 5단 "마리아께서 잃으셨던 예수님을 성전에서 찾으심을 묵상합시다."는 세상 속에 한쪽 발을 담그고 살고 있는 저와 제 아이들에게 두 발을 딛고 만나야 하는 곳이 어디인지를 잊지 않게 일깨워 주었습니다.

기쁨과 슬픔은 깨달음을 주지 않으나 고통은 반드시 깨달음을 준다고 한 어느 스님의 글이 생각납니다.

세상의 많은 종교가 지향하는 바는 고통을 피하는 것이라고 합니다. 하지만 가톨릭에서는 늘 '고통의 신비'를 묵상하며 십자가를 향해 나아가라고 요구합니다.

어머님께 맡긴 제 십자가가 얼마나 되는지요? 십자가 앞에서 울며 투정할 때마다 기꺼이 맡아 주신 어머님으로 인해 위로받고, 사랑받음을 체험하며 저는 지금도 순례자의 길을 걷고 있답니다.

그러나 성장을 멈춘 아이처럼 나아가지 못하는 신앙생활,

번번이 적당한 게으름과 합리화를 버리지 못하는 저를 보시며, 성모님은 "그래, 너답구나!" 하고 눈을 지그시 감으실 것 같습니다.

이해인 수녀님은 이렇게 노래했습니다.

사는 게 힘들다고
말한다고 해서
내가 행복하지 않다는 뜻은 아닙니다.
내가 지금 행복하다고
말한다고 해서
나에게 고통이 없다는 뜻은
정말 아닙니다.

이처럼 저도 행복과 고통이 교차하는 삶을 살아갈 것입니다. 앞으로도 고통의 시간 앞에서 저는 성모님께 응석을 부리겠지요. 그러나 기쁨의 시간도, 감사의 시간도 성모님과 함께하기로 성모님께 약속드리며, 이 약속을 잊어버리지 않도록 노력하겠습니다.

어머님, 제 생애가 끝나는 날까지 당신은 제 어머님이십니다. 당신의 이끄심으로 예수님의 은혜의 바다에 다다를 그 날을 그리겠습니다.

   사랑하는 제 어머님 마·리·아.

정정숙 프란치스카

세상에서 가장 깊고 넓은 어머님 품속

어머님, 구세주 탄생을 위하여
열 달 동안 아기 예수님을 품으신 어머님,
온 인류의 어머님이 되신
당신의 계절이 돌아왔습니다.
매년 변함없이 맞이하는 12월인데
오늘따라 유난히 당신은 또 다른 모습으로,
우리 모두 앞에 서 계십니다.

어머님,
이제까지 화려한 호칭들로 들여 올려진 천상의 어머니,
그 호도의 위대함만 자랑하고, 그 어머니의 사랑을 등에 업고
교만하고 횡포를 부림에 가슴 깊이 반성하며,
성모님께 엎드려 용서 청하며 고백합니다.

오늘, 당신 발아래 비춰진 촛불 하나하나가
흠 없는 어머님의 눈물 한 방울 한 방울의 흔적입니다.
당신은 가슴 깊이 당신 아들의 이름을 부르며
고통을 삭히고 참아 냈습니다.

어머님,
당신은 혼인 잔치의 기적을 통해
우리 구원 사업에 협조자로 저희에게 오셨습니다.
그리고 당신은 힘들어하고 보잘것없는 미천한 자녀들에게
참으로 큰 사랑의 모범을 보여 주셨습니다.
어린아이가 어머니에게 온전히 의탁하는 것과 같이
천상 은총의 어머니께 의탁하는 저희를 받아 주시고,
저희 자녀들의 손을 꼬옥 잡아 주시며
보호해 주셨습니다.

철부지 어린 자녀의 믿음이 부끄럽지 않게
천주의 너그러운 용서의 중재자가 되시어
철부지 모든 자녀의 응석을 즐거움으로
안아 주셨습니다.

어머님,
당신 아드님이 우리 죄로 피 흘리심을
어찌 참아 내셨습니까…….
어머님,
욕심 많고 나밖에 모르는 이기적 탐욕에
어찌 그리도 한없이 너그러우셨습니까…….

자녀를 위해 울어 주시고,
우리를 위해 늘 빌어 주시는 어머님,
당신은 주님의 어머님, 저의 어머님,
저희 모두의 어머님이십니다.

세상에서 가장 깊고 넓은 어머님 품속이
그리워지는 12월 대림 시기에
지극히 거룩한 당신께 두 손 모아 사랑의 편지를 올립니다.
늘 당신과 같은 마음으로
주님을 섬길 수 있도록 도와주십시오.
비록 힘들고 어려운 현실이지만
좌절하지 않고 희망으로 우뚝 일어서

당신의 아드님 주님만 바라보고 살아갈 수 있도록
감히 용기 청해 봅니다.

당신의 끊임없는 눈물의 기도로
구유에 누워 계신 아기 예수님 앞으로
저희를 이끄시어, 겸손의 성령 궁전 되게 하소서.
당신 아드님이 준비한 천상 잔치를 통하여
어머님의 사랑과 믿음을 목청껏 소리 높여 노래합니다.

아베 아베 아베 마리아.

이일순 요셉피나

믿음 안에서
생활할 수 있었던 삶에 감사드리며

　새해 아침, 토요 신심 미사에 글을 발표할 수 있는 영광을 주신 성모님께 진심으로 감사드립니다. 저는 9년 전에 정든 시골 고향을 떠나 지금 이곳으로 이사를 오게 되었습니다. 제 세례명은 '이사악', 별명은 '확성기'인데, 남자로서 키는 조금 작지만 목소리가 굵고 커서 사람들을 가끔씩 놀라게 하기 때문입니다. 굵고 큰 목소리 덕분에 저는 자신감을 갖고 저의 어둔 그림자인 '간질'을 얼굴에서 지워 버리고 살아갈 수 있었습니다. 저 이사악이 성모님께 드리는 가장 큰 고마움은 이것입니다. 무엇이든 감사하게 생각한다는 것입니다.

　저는 시골에서 많은 시간을 사회봉사와 교회 봉사 활동을 하며 바쁘게 살아왔습니다. 그런데 농장 경영에 크게 실패하면서, 멀리 서울로 이사 와 제2의 삶을 새롭게 살게 되었습니다.

　저는 새로운 각오로 어떻게 하든 성공의 삶을 만들어 보자고 다짐했습니다. 돌이켜 보면 욕심과 경영 미숙으로 농장 경영에 실패하면서 초췌해진 가족들의 모습과 생각하고 싶지 않은 지난날의 많은 생각들이 영화 장면처럼 떠오릅니다. "주여 임하소서, 내 마음에. 암흑에 헤매는 한 마리 양을……." 하고 성가를 마음속으로 부르고, "하늘에 계신 우리 아버지……." 하고 '주님의 기도'를 텅 빈 머릿속으로 외워 보았습니다.

교우 여러분! 9년 전 이곳에 처음 나타나 기도드리며 함께 미사에 참례했던 이사악과 지금의 제 모습이 많이 달라졌음을 느끼지 않습니까? 이렇게 믿음 안에서 생활할 수 있었던 제 자신의 삶에 진심으로 감사드리며 부끄럽지만 몇 가지를 말씀드리겠습니다.

첫째, 지병인 간질로 인한 열등 의식을 주님이 주신 큰 선물로 받아들이라고 하시며 깨우침을 주신 성모님과의 묵상 시간이 참 소중했습니다. 이를 통해 성모님은 저와 같은 사람들에게 큰 힘이 되어 주라고 하신 것입니다.

둘째, 작은아들이 임파선 암에 걸려 해병대 지원이 좌절되어 온 가족이 울음바다였으나, 병원에서 입원 치료하고 학업에 더욱 열중하여 장학생이 되었고, 이제는 매사에 감사할 줄 아는 청년으로 키워 주셨습니다.

셋째, 백수인 가장을 안심시키고 일선에 나서 생계를 책임지는, 실질적인 가장 역할을 하는 아내에게 직장을 구해 주신 것입니다.

넷째, 세 자녀가 어려운 환경에서도 학원 한 번 다니지 않고 대학에 진학하여 우수한 성적으로 가정에 크나큰 보탬을 준 것입니다.

다섯째, 무능력의 대명사가 되어 버린 제가 쓰레기를 주우면서 파지에도 고개 숙여 감사드릴 수 있는 겸손한 마음을 갖고, 참기쁨을 깨우쳐 삶을 활기 넘친 웃음으로 채우며 신앙생활을 뜨겁게 재점화했다는 것입니다.

묵상 중에 성모님이 저에게 말씀하셨습니다.

"거듭나고 깨우쳐라. 좌절감에서 벗어나 새롭게 출발하라."

심신의 피곤함에도 성모님을 가까이 느끼고 성모님의 말씀을 가슴 깊이 새기면서 세 살배기 아이같이 혼자 웃음을 지어 봅니다.

오늘도 성모님의 따뜻한 위로의 말씀을 떠올리며 바른 마음, 올바른 신앙인으로 새 인생을 향해 최선을 다하렵니다.

이현철 이사악

나의 저녁이 너의 아침이길

　은총이 가득하신 마리아님, 사랑 깊으신 성모님, 성모님 앞에서 불쌍한 저의 어머니를 위해 기도드립니다.
　성모 마리아님, 여느 부모처럼 자식 잘 키운 자부심으로 꼿꼿하던 저희 어머니가 지난해부터 끝없이 무너지고 있습니다. 어머니는 구순에 칠십도 안 된 맏아들을 먼저 보냈습니다. 그런데 그 슬픈 마음을 추스르기도 전에 둘째아들마저 심장마비로 쓰러져 깨어나지 못하고 있습니다. 어머니는 그것이 자신의 죄인 양 급속도로 수척해졌습니다. 8대 독자인 아버지가 69세에 떠날 때는 꿋꿋하더니, 두 자식 앞에서는 울음과 자책으로 한없이 맥을 놓았습니다.
　성모님, 어릴 적 제 눈 속의 어머니는 참 특별했습니다. 가난한 8대 독자 며느리로, 7남매의 어머니로, 그리고 농사꾼의 아내로 억척스럽게 살아왔습니다. 홀몸이 된 시어머니의 시집

살이와 허리 휘는 농사일, 그리고 애간장 녹는 자식 농사까지, 어머니는 그 와중에도 잘 견뎌 냈습니다.

우리가 그때의 그 삶이 수수께끼 같다고 말하면 어머니는 단호하게, 자식들이 잘 자라는 재미에 힘든 줄도 몰랐다고 말합니다. 그렇게 어머니를 지탱할 수 있었던 힘은 4대째 오로지 하느님을 알고 하느님 말씀으로 대대로 살아온 천주교 집안의 신앙심이었을 것입니다.

성모님, 저의 부모님은 60세 무렵 고향을 떠나 서울로 올라왔습니다. 농사를 짓지 않아도 어머니는 자신이 하고 싶은 일을 한 번도 하지 않았습니다. 아니 할 줄도 몰랐습니다. 그냥 자식만을 위해 살아온 어머니. 그래서인지 지금도 어머니는 아파트 노인정에 가서도 적응을 못합니다. 어머니는 스스로를 단단한 틀에 가두고 살고 있습니다.

성모 마리아님, 둘째 동생이 쓰러진 후 저의 집안은 그야말로 아수라장이었습니다. 기대에 부응하듯 성공한, 어머니의 자존심 자체였던 큰아들을 잃고, 또 기둥 같은 둘째마저 저러고 있으니 얼마나 상심이 크겠습니까? 처음에는 날마다 자책과 슬픔으로 멍들고 야위어 가는 어머니를 위로하기에 급급했습니다. 저희도 1년이 다 되어 가도록 병원에 그냥 누워 있는 남동생을 보며 장기간 지속되는 상황에 힘들어하고 있습니다. 한탄과 자책으로 건강과 정신이 무너지는 어머니도 점점 감당하기 벅찹니다.

성모님의 슬픔은 어머니에게 과거와 현재를 넘나드는 축지법을 선물했나 봅니다. 어머니는 수시로 없는 아들들을 찾아 자꾸만 과거 속을 들락거립니다. 그리고 그 횟수가 점점 잦아집니다. 우린 그때마다 어머니에게 왜 그러시느냐고 난립니다. 이건 이러지 마라, 저건 저러지 마라 하며 점점 더 어머니를 못 견뎌 합니다. 두 아들이 눈에 선한 어머니는 더 견딜 수 없이 힘들 텐데도 말입니다.

성모님, 저는 저의 어머니를 찬찬히 바라봅니다. 자식들은 부모가 되어서야 비로소 부모의 마음을 알 것 같다고 말하곤 합니다. 그런데 저는 제가 두 아이의 엄마가 되고 그 아이들이 또 엄마가 된 지금, 정말 어머니의 마음을 얼마나 알고 있다고 말할 수 있을지 모르겠습니다. 구순의 어머니가 한 자식을 잃고 죽음에 가까운 한 자식 앞에서 속수무책 바라보고만 있습니다. 자식을 잃어 보지 않은 제가 그 슬픔의 깊이를 어찌 헤아릴 수 있겠습니까? 그 슬픔의 무게를 어떻게 가늠할 수 있겠습니까? 어머니의 슬픔을 보지 못하고 성모님의 슬픔을 모르고 성모님께 엎드려 어리석게도 저는 제 기도만 합니다.

성모님, 며칠 전 저의 손자가 감기를 심하게 앓았습니다. 손자는 며칠 동안 입원을 했고 직장 다니는 딸마저 몸져누웠습니다. 일이 너무 바빠서 쉬지도 못한다는 딸의 말에 눈물 나게 마음이 아팠습니다. 그러면서 약이며 반찬들을 수선 떨며 챙겨 보냈습니다.

성모님, 저는 엄마였습니다. 자식의 하찮은 감기에도 벌벌 떠는 저는 엄마였던 것입니다. 세월호에 아이를 잃은 부모들의 슬픔처럼, 자식을 줄줄이 먼저 보낸 이웃집 어르신의 시퍼런 멍든 가슴처럼 저는 슬펐습니다.

성모님, 어리석게도 저는 자식만을 보는 눈먼 사랑을 하고 있습니다. 요즘 바보가 유행이랍니다. 딸 바보, 아들 바보, 아내 바보……. 그런데 바보 중에 할머니와 할아버지, 어머니와 아버지 바보는 없다고 합니다. 부모의 마음은 점점 더 모르고 오직 제 아이에게만 사랑을 주는 것이 저희의 어리석음입니다. 어머니의 마음보다 자식에 눈이 먼 바로 그런 모습입니다.

그분이 바로 성모님이십니다. 그분이 바로 어머님이십니다.

성모님, 저희는 둘째 동생이 쓰러진 후 간병인이 쉬는 날은 매주 당번을 정해 놓고 어머니를 지킵니다. 그때마다 우리는 어머니의 울음과 "내가 오래 살아서······."라는 하소연을 들으며 함께 잠자리에 듭니다. 그러다 문득 어떤 기척에 눈을 뜹니다. 빈 잠자리 너머 살짝 열린 건넌방 문틈으로 어머니의 묵주 기도 소리가 들립니다. 새우등처럼 밤을 새고 있는 야윈 어머니의 작은 등이 보입니다. "나의 저녁이 너의 아침이길." 어머니는 자신의 밤을 아들에게 나누듯 밤을 새며 묵주 기도를 바치는 것이 일과입니다. 그 묵주 기도는 어머니가 할 수 있는 일의 전부입니다. 그럴 때면 저는 그냥 가만히 돌아눕습니다.

성모님, 아침이 점점 밝아 오고 있습니다. 저도 가족들이 아프거나 어떤 어려움을 겪을 때 성모님께 묵주 기도를 드립니다. 성모님은 신비로운 힘으로 큰 고비를 잘 넘기고 극복해 나갈 수 있도록 용기와 지혜를 주십니다. 성모님, 저에게 어린 손자와 늙은 어머니를 곁에서 보살필 수 있게 하셔서 정말 감사합니다.

사랑의 주님, 아무것도 모른 채 무의식 속에 잠들어 있는 저의 동생 요셉에게 자비를 베푸소서.

은총이 가득하신 성모 마리아님, 마냥 묵주 기도에 매달려 밤을 지새우는 어머니의 졸음 기도를 들으시어 저희를 위하여 빌어 주소서.

성모님, 주님이 십자가에 못 박히신 고통과 수난의 사순 시기입니다. 주님의 부활을 믿으며 저를 위해 빌어 주시는 성모님께 간곡히 청하옵고 또 청하옵니다.

성모 마리아님, 주님의 사랑과 평화로 저희 가족이 아픔과 슬픔을 이겨 낼 수 있도록 도와주시고 빌어 주소서. 아멘.

김혜숙 마리아

사랑을 심어 주시는 성모님

성모님! 사랑과 평화 안에서 서로가 화목하게 살아가는 그 시간과 공간은 분명 희망이며 작은 바람입니다.

제 욕심에서 비롯된 외환 위기 때, 하루하루 고통의 시간을 보내며 다음 날 아침이 오지 않기를 바란 적도 있었지요. 성모님께 드리는 기도에 의탁하여 힘겨운 시간을 가족과 함께라서 감내할 수 있었습니다.

특히 믿음과 사랑으로 함께하면 움막에서도 살 수 있다고 생각했습니다. 고통과 불행을 나누며 삶의 힘겨움에 지친 제게 매일같이 아침저녁으로 돌솥 밥을 지어 준 아내에게도 이 자리를 빌려 감사를 전합니다.

제가 신앙인이 아니었다면 그 어려운 시기에 시골에서 온 쌀 두 가마 중 한 가마를 저보다 어려운 이웃에게 줄 수 있었을까요? 이런 마음은 예수님의 가르침이 아니면 들지 않았겠지요.

"깨어 있어라."(마태 24,42)라는 성경 말씀을 마음속 깊이 새기며 예수님이 주신 믿음과 희망, 기쁨을 가슴에 품을 수 있게 해 주셔서 감사합니다.

제게 "한 눈 팔지 말고 최선을 다하여 살아라. 그러다 보면 좋은 일이 있을 것이며, 항상 이를 믿고 감사하는 마음으로 살라."라고 조언해 주신 모든 분에게 또한 감사를 전합니다.

성모님, 저의 삶 속에서 또한 사목회 일원으로서 행한 일들과 내뱉은 말들이 다른 이들의 마음에 상처가 되었다면, 꾸짖어 주시고 참된 신앙인으로 인도하여 주십시오. 이 모든 인연 또한 성모님의 은총이며 사랑으로 맺어 주신 축복입니다.

성모님, 이 글을 준비하며 지금 제 앞에 놓인 삶과 지금까지 지나온 제 모습을 돌아볼 수 있는 시간을 얻을 수 있었습니다. 앞만 보고 달리지 않으며 잠시 멈춰 뒤를 돌아보고 기도하며 살아가라는 가르침에도 감사드립니다. 성모님 덕분에 남은 시간을 하느님의 텃밭에 희망의 씨앗을 뿌려 이것들의 미약한 움틈을 통해 자연의 섭리를 배울 수 있었습니다.

성모님, 우리는 힘들 때 성당 문턱이 닳도록 들락거리면서 성모님께 매달리고 열심히 도움을 청합니다. 그러다가 조금

형편이 나아지면 내면의 성숙을 바라지 않고 겉모습을 치장하여 타인의 시선에 취하곤 합니다.

제가 어리석은 행동을 할 때에도 성모님은 늘 홀로 묵묵히 기도하고 계시지요. 또한 저에게 모든 것을 선물로 주시는 만인의 어머님이시지요.

제가 시골에서 채소와 곡식을 정성으로 심을 때 성모님이 함께해 주시고 사랑을 심어 주시는 걸 느낍니다. 당신은 새벽 토란잎에 맺힌 영롱한 물방울처럼, 겨울이 끝날 무렵 피는 복수초처럼, 남한강과 북한강이 자연스레 만나는 것처럼 우리에게 아름다움을 늘 선물로 주십니다.

하루하루 매연과 황사로 가득 찬 도시의 공기가 고향의 냄새로 가득한 향기로운 하루가 되기를, 그리고 한적한 숲길이 끝없이 이어지고 산속에 흐르는 계곡 물과 산새가 동무하자고 하는 평온한 마음을 가질 수 있도록 보살펴 주시길 청하며, 이 글을 맺을까 합니다.

박승철 델피노